私は中学のころから、学校がおわると一人で自転車に乗って裏山へ出かけるのが好きでした。ほとんど毎日、自転車に乗ってその油山（福岡市）と呼ばれている麓《ふもと》まで出かけました。そこには丘と丘の間にため池があり、そこは、いつも決まって自転車から降りて一息つく場所でした。

その場所が自分にとって何を意味するのかは、ついこの間までよく分かりませんでした。しかしここ数年間の精神的な内面の世界を振り返って、もしかしたら、そこで私は瞑想をしていたのかも知れない、と考えるようになりました。

丘の上にあるその場所は、春になるとメジロが飛んで来ます。このメジロを捕まえようと友人とカスミ網をかけたこともあります。ため池にはイモリがいて、釣りをすると魚がつれず、針の先には赤い腹をしたイモリがひっかかってきました。そのため池のそばには、カラスがとまる真っすぐに伸びた松の大木がありました。

ある日、その松の木の上にカラスが巣を作っていることに気づきました。カラスのヒナを捕まえるために、五寸釘を大木に打ち付けながら、一足一足友人と登っていきました。しかし松の木は、実際に登ってみると高すぎて、途中から怖くて足が震えて登ることができなくなりました。友人は勇敢にも登りきって、ヒナを捕まえたのです。

ほとんどの日は、一人でその場所に行きました。そこにある大きな岩の上に座っている

✡ プロローグ

人は行き着く場所を持っています。誰もが、その場所にたどり着ける可能性があります。ただ人は、その泉がどこにあるか知らないだけなのです。しかし、その場所にたどり着いた時には、自分が長い間求めていた場所であることを悟ることができます。

ヨーガの行者は一人で修行をする。人の居ない山奥や森の奥深くに入って行き、瞑想をする。一日に何時間も自分の好きなだけ瞑想ができる場所を探して彷徨《さまよ》うのである。その場所に出会うことができた行者は、自分が信じている最もよいと思う方法で瞑想を行うのである。この聖地を探そうとしないで己の悟りの道を他者にあずけてしまうヨーガの行者は、高名な師を求めようとする。このようなヨーギ（ヨーガ行者）には決してたどり着く聖地はやって来ないのである。

（ある日のメモより）

気づきのセラピー

はじめてのゲシュタルト療法

百武正嗣《ももたけ・まさつぐ》

春秋社

と、心が静寂になるのです。そのことに気づいたのは、人生のずっと後半です。大人になってから、ある日、「あの場所は瞑想の岩があるところだ」と気づいたのです。

人は常に心の奥で、このような場所を求めています。その場所を若い時期に発見する人もいるでしょう。私のようになかなか気づかずに、無意識に行動を起こしている人もいます。

いずれにせよ、その場所にたどり着いたときに、はっきりと自分はこの場所を発見するために生きてきたことに気づきます。

「そうだ!!　ここだ」

「アハ!!　こりゃ嬉《うれ》しい」

と、からだで気づくことができるのです。

気づきのセラピー

――はじめてのゲシュタルト療法

目次

第1部　からだからのメッセージ　3

はじめに

「ゲシュタルト療法」という名前は、まだあまり知られていません。心理学と言えば、一般に知られているのはフロイトの精神分析、ユング心理学、あるいは交流分析やカール・ロジャーズのカウンセリングなどでしょう。ゲシュタルト療法を紹介する文献が少ないことも、その理由の一つと思われます。

「ゲシュタルト」とは「まとまった」「全体性」という意味を表すドイツ語です。

ゲシュタルト療法は、人間は外部の世界をバラバラな寄せ集めとして認識するのではなく、**意味のある一つのまとまった全体像（ゲシュタルト）として構成し、認識する**というゲシュタルト心理学の視点を基本にしています。

ゲシュタルト療法は、精神分析医フレデリック（通称フリッツ）・パールズ（Frederick S. Perls）と、ゲシュタルト心理学者であった妻のローラ・パールズ（Laura Perls）とポール・グッドマン（Paul Goodman）の三人によって創られました。フリッツ・パールズ（以下パールズ）は、ゲシュタルト療法を**「いま―ここ」中心の「実践的な心理療法」**であると表現しています。

それまでの伝統的な心理療法は、クライアント（患者）の過去に問題があると考え、その問題を解決するために生育歴などを分析して解決することが目標でした。しかしパールズは、クライアントの本当の問題は、昔あった問題を「いま―ここ」に引き続き持ち続けていることに原因があると考えたのです。

ゲシュタルト療法の目標は、クライアントが現在の「未解決な問題」を手放し、明日や来年、もしくは将来起こってくること、そして「いま―ここ」のいかなる問題にも対応し得る方法を身につけることです。もしクライアントが現時点の自分を真に見つめることができれば、いかなる状況に置かれても自分を支えることができるからです。そのために、ゲシュタルト療法では、「気づき」を大切にします。

気づきとは、きわめて個人的、体験的なレベルに焦点をあてることであり、**個人が「いま―ここ」の状況で体感していることに気づいていくプロセス**でもあります。自分を支えるためには、自分がしていること、自分に起きていることに「気づく」必要があるのです。その気づきは、決して知識や洞察で得られるものではありません。パールズは、「（これは）知識に基づいた気づきではなく、東洋で言う悟りに近いものである」と言っています。

気づきが生まれた時、からだの中でそれをはっきり体感することができます。筋肉の緊張が一瞬にしてほぐれる人、長年の精神的な苦痛から解放されて微笑む人などさまざまです。英語では“Ah-ha”と表現します。身体のセンセーションを伴う「あぁ、そうなのだ！」という気づき（＝アハ体験）です。

パールズは、「活字を読んだり、心理学的な情報をいくら学んでも、それは知識でしかない。そのようなものは裏通りのギャベッジカーン（ゴミ箱）である」と言って知的偏向からの脱却を強調したため、文献をあまり著さない姿勢を貫きました。そのため、ゲシュタルト療法は、フロイト、ユング、アドラー、ジェームズなどに見られるような心理学の理論的枠組みよりも、心理療法の実践面に光を当てました。そこで第1部では、ゲシュタルト療法のこのような実践的アプローチに焦点を当てて導入としました。

第2部では、パールズがゲシュタルト療法を創り出すまでの過程を見ていきながら、その特色をまとめてみました。第3部では、ゲシュタルト療法を実践する上でのさまざまな具体的なワークについて見ていきます。

私はゲシュタルト療法を学び、日本で指導を続けて二〇年になります。最初の一〇年間は、この療法の魅力に取り付かれ、何とか自分のスタイルを確立させることに目標を置いてきました。そして、二〇年目にして、通算七〇〇〇人もの人たちにワークを体験してもらいました。そのころから、この療法を日本で広めていこうと決心し、同時に、ゲシュタルト療法を教えるファシリテーターを二〇〇人育てようと心の奥で決意しました。

同時期に、出会いがありました。この出会いが大きな刺激となり、多くの人にもう少し分かりやすいアプローチを解説したゲシュタルト療法の入門書を書いてみようと思い立ちました。この本は、気づきの体験をした一七人の仲間との出会いと、その学習のプロセスの記録をもとにしています。本書を通じて、ゲシュタルト療法のすばらしさを一人でも多くの皆さまと分かち合い、おのおのの問題解決に役立てていただくことができるならば、著者としてこの上ない幸せです。

百武正嗣

二〇〇九年　六月二日

気づきのセラピー

——はじめてのゲシュタルト療法

Gestalt Prayer

I do my thing. You do your thing.
I am not in this world to live up to your expectations.
And you are not in this world to live up to mine.
You are you and I am I.
If by chance we find each other, it's wonderful.
If not, it can't be helped.

ゲシュタルトの祈り

私は私のことをする。あなたはあなたのことをする。
私はあなたの期待にそうために、この世に生きているのではない。
あなたも私の期待にそうために、この世に生きているのではない。
あなたはあなた、私は私である。
もし、たまたま私たちが出会うことがあれば、それはすばらしい。
もし出会うことがなくても、それは仕方ないことだ。

（フリッツ・パールズ）

第1部

からだからのメッセージ

我々は「私が身体を持っている」と言う。
そのように言うとき、我々は自己を分裂させている。
「身体が私である」と言うべきなのだ。

——フリッツ・パールズ

1 からだに声を与える

「なぜ？」をやめる

最近、私は時間の余裕ができたので、のんびり過ごしています。ところが、この一週間ほど風邪を引き、咳《せき》がでています。熱はあまりありませんが、困りました。ふだんなら二、三日くらいで治ってしまうのですが、軽い咳が続き、そのたびに胸元が熱く感じるのです。

ある朝、ソファーに座って窓から海を眺めていた時、胸は何と言っているのだろうと思い、自分自身の胸元に問いかけてみました。

しばらくすると、「お前は疲れている」と言ったのです。「そうか、疲れているのか」と思いながら、この半年のことを思い出していました。好きなことをしていたので疲れは感じていなかったのです。しかし、もしかしたら興奮していてからだの疲労を無視していたのかもしれません。

よく「からだの声を聞きなさい」と言います。ゲシュタルト療法では、それをもっと効果的にするために具体的なアプローチをします。**「からだ」の症状に問いかける**のです。全身に漠然と聞く代わりに、**からだの「部位」に声を与える**のです。

風邪を引いたとき、「からだ」に問いかける代わりに、風邪によって咳が出て苦しくなっている症状、今の私なら「胸元」にアプローチします。胸元に向かって「何と言っているの?」と聞くのです。

「疲れたよ」と胸元が言いました。

「えっ、どうしてさぁ?」と私は思います。

そんなに疲れるようなことはしていないし、むしろ楽しいことばかりしています。

もう一度、胸元に声をかけてみました。

「狭いなぁ」と今度はつぶやくような声が聞こえました。

「何のことだろう?」

日本は狭いから海外の空気でも吸いたくなったのでしょうか。それとも今の人間関係が息苦しいと感じているのでしょうか。いろいろなことを考え始めました。

人はこのように、「これが原因だろうか」とか、「なぜ？」というように考え始めてしまいます。ゲシュタルト療法では、このような思考プロセスを一旦は止めます。

思考は、原因を探す、分析する、理由を見つける、合理的な説明をする、解釈する、というような場合には役立ちます。しかし、それは本当の理解には役立たないのです。**思考の役割は**自分の状況、私の場合は風邪を引いた理由を合理的に解釈することですが、それは風邪を引いてしまっている**「過去の私」の立場の解釈**なのです。

いま私に起きていることは、咳をすると胸元が苦しく感じるということです。いくら「なぜ、風邪を引いたのか」と考えても、風邪は治りません。**「なぜですか？」と聞く代わりに、「いま—ここ」で私に何が起きているのかに意識を向ける**のです。

このように、「なぜ」から「何が」に注意を切り替えます。もう一度、**意識を「考える」ことから「感じる」ことに戻す**のです。

私は咳き込むと、熱くなる胸元に意識を戻します。しばらく、「ゆっくり」と呼吸を感じます。すると、何か焦っている感じが少しあるのに気づきました。ここで「なぜだろう」という思考がわいてくるのをおさえます。ただ、「いま―ここ」で感じることに意識を戻します。すぐに答えが分からなくてもよいのです。

「急ぐな!」と言っています。

「あぁ、何となく分かってきたぞ」

少しずつ声を聞くことで、小さな気づきが生まれます。それをもとに、また声を聞くと、意味がもう少し分かりかけてくるのです。

私の場合は、この五年間ほど考えて実行してきたことがあります。それが、少しだけ現実に向けて可能性を感じられるようになってきています。世間の目に触れられるというか見えるような形になりつつあるのです。そうなると人は欲深いもので、「急いで実行したい」「早く形にしたい」という欲求のほうが、現実よりも先行してしまっていることに気づいたのです。

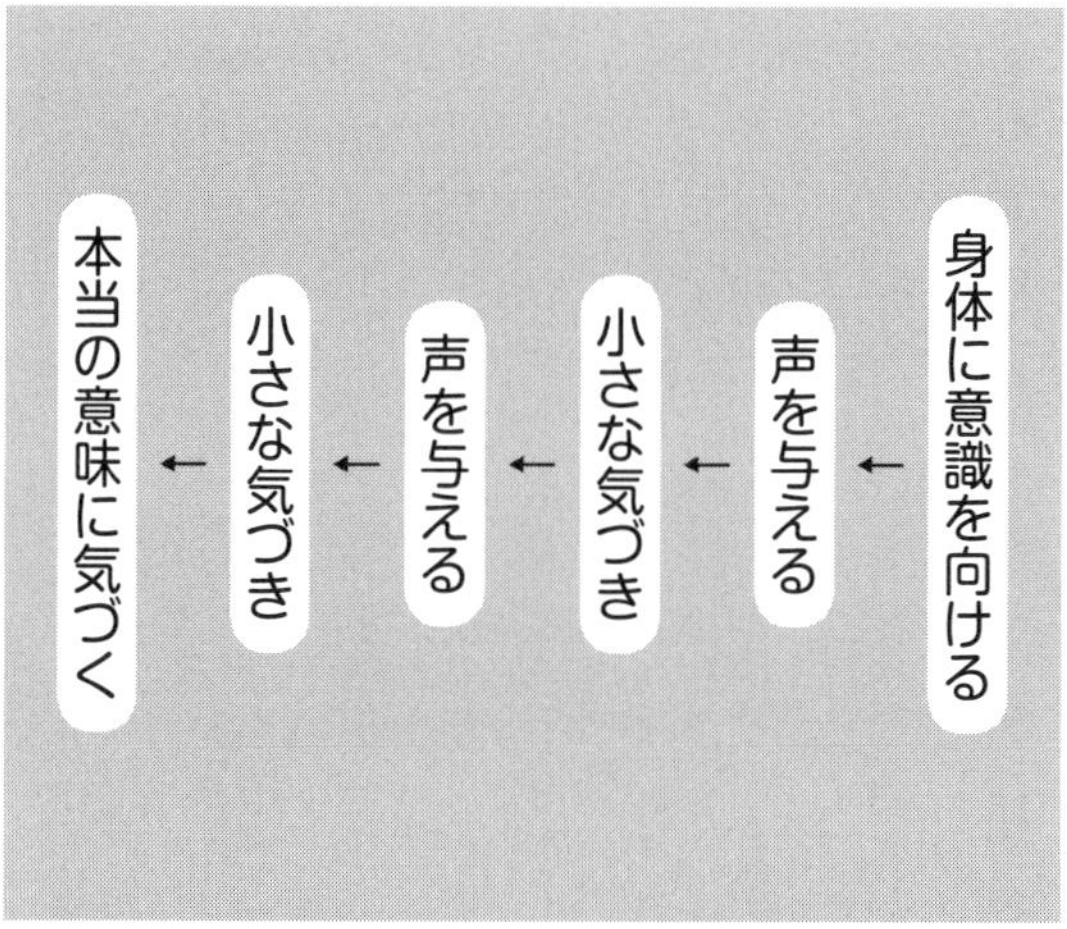
身体に意識を向ける
←
声を与える
←
小さな気づき
←
声を与える
←
小さな気づき
←
本当の意味に気づく

心の中でもう一度、自分に言い聞かせます。

「うまくいっているよ」

するとした胸元が温かくなります。

そうです。胸元は「ゆっくり」「急がず」「楽しみながらやっていこう」と言っています。このような気づきが自然に起きてきます。

✺ からだ（身体＝精神）に気づく

ゲシュタルト療法は、実践的な気づきを大切にします。人間が成長していくためには気づく必要があります。気づきとは英語で「アウェアネス（awareness）」と言いますが、「自覚する、意識する、知覚する」という意味もあります。

身体の「部位」に声を与える。それはあなたの「一部」に声を与えたと考えていませんか。ゲシュタルト療法では、むしろ**身体の声こそが「あなた自身」**であると考えます。ゲシュタルト療法の立場は、**心と身体を一つのものととらえます**。精神と肉体を二つに分けません。**身体は私という心の現われでもある**からです。このような意味で、この本では、「からだ（身体＝精神）」という言葉を用います。特に身体的な側面を強調する場合には「身体」という表現を用います。

あなたが海を見るときに、からだは一緒です。海の潮風を感じる時に、からだがあります。あなたが海の広さに感動したとき、からだも感動します。

もし、あなたが自分自身を知りたいのならば、からだに声を与えてみてください。あなたは今、どの「部位」を感じていますか。症状は、何と言って話しかけていますか。すぐに答えが出てこなくてもかまいません。意識を自分に向けることが大切です。自覚するということは、**からだの声を聞く**という意味です。

アプローチ法

1. からだに意識を向ける。
2. からだの「一部」に声を与える。
3. それを言葉で「〜　」と表現する。
4. 小さな気づきがある。
5. もう一度「声を与える」。
6. 小さな気づきが生まれる。
7. 繰り返す（声を与える）。
8. ・・・・・・
9. 統合する（ゲシュタルトの形成）。

2 からだと対話する

❋ からだが語りかける？

私は疲れるほど歩くのが好きです。散歩もするし、旅先では知らない町を一時間も二時間もかけて歩き回ります。それが楽しいのです。小さな町や田舎では、町のメイン通りだけでなく、裏道も歩きます。こうしてグルグルと歩いているうちに町の全貌が見えてくるからです。裏通りにはその町の歴史があります。閉鎖した映画館があったり、寂しく飲み屋が数件生き残っていたりします。その町の中心であったころの面影が浮かんでくるのです。

ある日、コーヒーを飲みながら、「疲れるほど歩く私の足は何を求めているのだろうか」と、ふと意識が自分の足に向きました。ゆっくりとコーヒーを口に入れて一息ついて、「足は何と言っているのかなぁ」と聞いてみました。

「歩きなさい、歩きなさい」と言います。

そして「もっと考えるために」と語ったのです。

「えっ、考えるためか」

「どういう意味なのだろうか」

散歩が好きなので、時間に余裕があると海岸を歩きます。散歩しながら、いろいろなことが頭に浮かんできます。仕事のことや将来の夢です。過去の記憶も蘇ってきます。確かに私は散歩中に浮かんでくる記憶や考えごとを楽しみにしています。

ゲシュタルト療法は、このように**自然に湧いてくるアイデア、感じるプロセスも大切にします**。このように自然と湧いてきたことを自分の身体《しんたい》感覚で感じとっていくのです。日常生活の中ではすぐに答えを出せずにいた事柄や無理矢理に自分に言い聞かせていたものがゆっくりと結論を出してくれるのです。

ここで、からだに「声を与える」という段階から一歩進んでみましょう。それは、からだと「対話する」というプロセスです。からだに「声を与える」ことができるようになったら、次は「対話する」ことも簡単にできるようになります。

ゲシュタルトとは、ドイツ語で「全体性」とか、「完結させる」という意味を表す言葉です。英語にはそれにあたる言葉がありません。パールズは、ゲシュタルト心理学の原理である「**世界を認識するには、その全体の意味（ゲシュタルト）に気づくこと**である」という視点を取り入れました。

からだの声はもちろん心の声でもあります。私自身の心の声なのです。その心の声を聞くために、からだの声と私とが対話するのです。

話をソファーに座っている自分の足に戻します。

私の足は「歩きなさい、歩きなさい」と言いました。

そして「もっと考えるために」とも言いました。

そこで足と対話してみたのです。

私は足に聞きました。

「もっと考えなさいとは、どんな意味なの？」

足は「何かを見るために」と話し出しました。

私は何を見たいのだろうか。

最初にヨーロッパの町並みが頭の中に浮かびました。まだ、訪れたことのないイタリア、スペインなどの場所です。しかし、そこに行ってみたいけれど、それではないような気がしました。

「いったい、本当に見たいものは何だろうか」と自問自答しています。

もう一度、私は足に声をかけてみました。

「見たいものって、どこかの遠い国のことかなぁ?」

するとと足は「もっと自由になりなさい」と話したのです。

これにはちょっと驚きました。「えっ、自分は自由な生活をしているつもりなのに、もっと自由にと言うのか」と思ったからです。もう一度、私は足に向かって聞きました。

「もっと自由に?」

足はしばらく沈黙した後に「知っているだろう」と答えました。

その声を聞いたとき、自然と「あぁ、そうだなぁ」と納得してしまったのです。

「私はちっとも自由でないかもしれない」

人間関係や仕事で思ったとおりに進まない時、その事柄に執着してしまっている自分が見えたのです。

セッションの初めにこの話をした後に、最初の一人の男性が「私もやってみたい」といいました。

そして、自分の足について気づいたことを教えてくれました。

「まず、北海道の網走に行ったときの風景が浮かびました。しばらく、その風景を思い出していると、足がもつれていた感覚が出てきました。不思議ですが、そういう言い方になります」

「足は何と言っていますか」

「もつれています。もつれながら《まだるっこい》と言っています」

「足と対話してみてください」

このように足と対話するように勧めると、彼は「そうですね」といいながら半信半疑のようです。彼はすぐに「もっと速く歩きたい」と言っています、と答えました。このように答えながら、心のどこかで納得していないようです。もう一度言い換えました。「今のペースより速く歩きたいと思っています」と、自分で答えながら何となくまだ納得していない気持ちが伝わります。

「あれ！　足は何か言っているぞ」

「こんなこと、不思議ですよね。足がしゃべるわけがないのに」

「あぁ、足は速くスイスイと歩きたい」
「しかも心地よく歩きたい」と、そんな感じですね。
「なんか今のペースよりもより速く歩きたいと思っています」

彼はこのように言いながら、「あっ、これは今の生活のシンボルだ」と気づいたのです。
今の彼の生活は仕事中心で、しゃにむに働いてきたようです。足がもつれるのはそんながむしゃらなペースでなく、速く、スイスイと心地よく歩きたいからなのです。
このように足と対話を進めていると、思いもかけなかった言葉が浮かんできます。

「いや、待てよ」

足は今の方向ではなく、横のほうに歩きたいようです。
「横の方向へ歩きたいようです」
彼は横にひょっと蟹《かに》のように歩いてみました。

「あぁ、楽しい感じです」

「そうだ。小学生から中学の時代が楽しかった」と突然、子ども時代のことを話し出しました。大学を卒業してから企業に勤め、一生懸命に働いてきた団塊の世代の男性です。仕事も成功しているようです。その彼が嬉しそうに話し始めました。

「自分の人生でもっとも楽しかった」
「自由に泥んこになって遊びましたね」
「時々、思い出しますよ」

「その意味が分かりました」

今の生活は仕事が中心で、前へ前へ一生懸命に前進して来ました。ちょっと泣けてきますね。足が教えてくれたのです。大切なことを。「あぁ、小学校の三、四年生のころは毎日楽しかったなぁ」。田舎の遊びの感覚ですね。横の方向へ足は歩きたいのです。それは、「今の生活にもっと楽しみ、喜びを入れなさい」と足が言っているのです。

「たまには、横道にそれてみろ」ってね。

「今の生活にもっと楽しみを感じなさい」
「喜びを入れなさい」って足が言っています。

ゲシュタルト療法のアプローチはシンプルです。心理学的な理論づけや原因の、分析をしません。その人の身体の「部位」に声を与えるのです。すると身体が話してくれるのです。その身体と私が「対話する」のです。すると小さな気づきが起こり、自然にものの考え方が広がります。そのことでまた気づきが起きてきます。

このようにして、**分離していた「私」と「身体」が統合される瞬間が気づき**でもあるのです。私たちが**自分の本当の気持ちに気づき、それを受け入れた瞬間が統合**です。

子どもはもっと自然にこれを行っています。このセッションに参加していた保健室の先生が、「お腹が痛い」と言ってしばしば保健室を訪れる子に、「どうしたの？」と聞いても子どもは「お腹がいたいの」としか答えなかったのです。

そこでアプローチの方法を変えて「もし、お腹が話すことができるとしたら何て言っているのかな？」と聞いたら、「嫌だって言っている」と答えました。

「何が嫌なのかなぁ？」と聞いてみます。

子どもは「お父さんとお母さんが喧嘩《けんか》するから」と答えました。

そこで保健室の先生は、その女の子に「お父さんとお母さんに、仲良くしてねと言ってごらん」と教えたそうです。

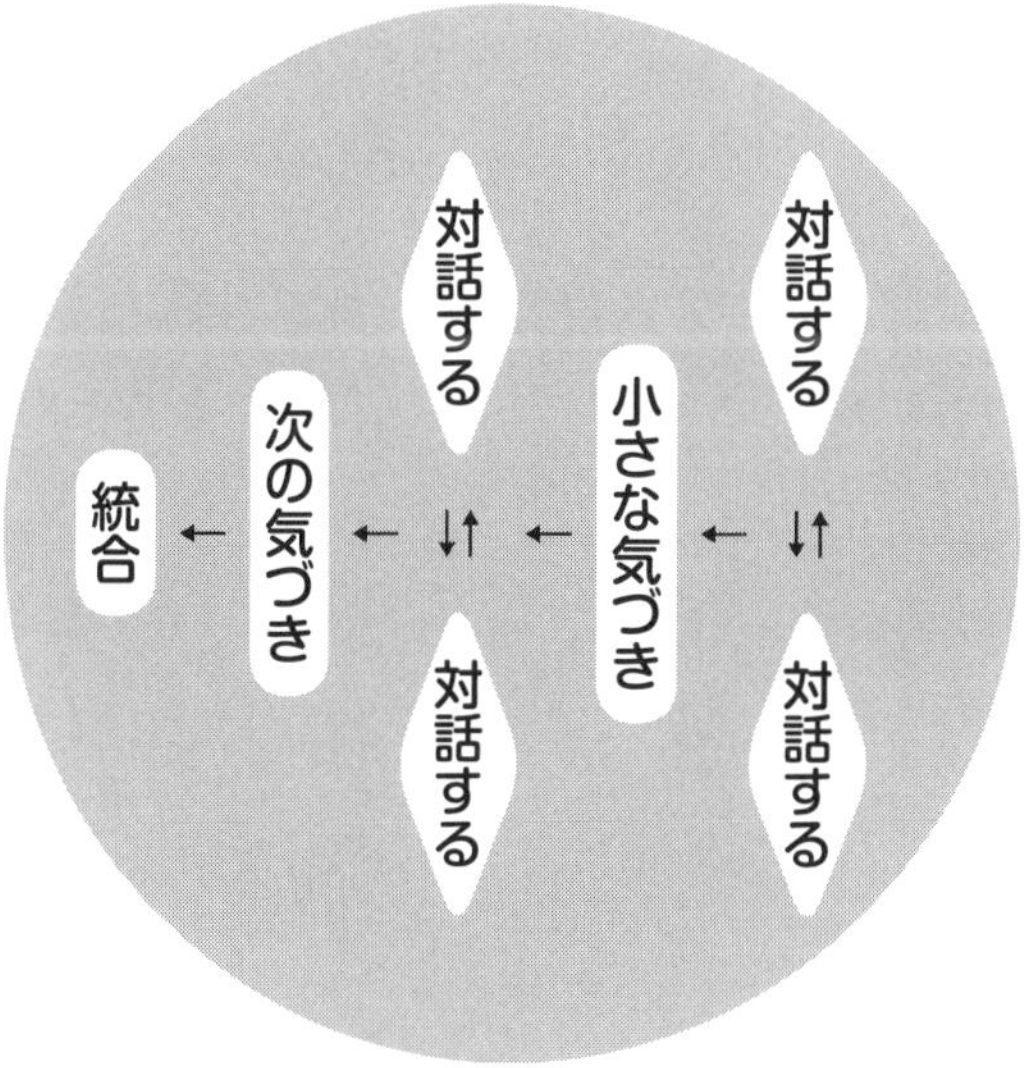
対話する
対話する
小さな気づき
対話する
対話する
次の気づき
統合

※アプローチ法1……からだを意識する

1. からだの気になる「部位」を選ぶ。
2. からだに意識を向ける。
3. からだの「部位」を選ぶ。
4. そのからだを自覚する。

※アプローチ法2……声を与える

「もし、肩の痛みが話すことができるとしたら何と言っていますか」
「もし、胸のドキドキが話すとしたら～　」
「もし、あなたの腰が話すとしたら～　」
「もし、その手が話すとしたら～　」
「もし、あなたのくちびるが話すとしたら～　」
「もし、あなたの姿勢が話すことができるとしたら～　」

「もし、その涙が話せるとしたら。。。。。。何て言ってる？」

※ アプローチ法３……対話する

1. 対話したい身体の「部位」「症状」「気になるところ」を一つ選ぶ。
2. 声を与える。
3. 表現する。
4. 小さな気づき。
5. 選んだ「部位」「症状」に話しかける。
6. 選んだ「部位」「症状」になって答える。
7. 交互に対話する。
8. ゲシュタルト（気づき）が生まれる。

3

身体感覚にアプローチする

✳ アメリカでの不思議な体験

私がアメリカを数十年ぶりに訪れた時の話です。サンフランシスコ街の中心にあるホリデーインに滞在しました。ホテルの窓からチャイナタウンが見えました。広場では朝早くから二、三の集団が太極拳や気功法をしています。

チャイナタウンの隣の地区は、大きな近代的なビルが立ち並ぶ金融街です。久しぶりに一人でサンフランシスコの街に出てコーヒーショップを探して歩いていました。ここは証券取引所、銀行、保険会社などの高層ビルが立ち並ぶ西海岸随一の金融街です。歩きながら思わず「でかいビルだ」と上を見上げました。すると突然、胸が締め付けられるような感覚に襲われたのです。一瞬でしたが「どうしたのだろう」という不安が頭の中をよぎりました。

この身体感覚に意識を向けていると、少し胸が締め付けられるような痛みが伴っていることに気づきました。嫌な気分も起きてきて、胸元がザワザワと不安になってくるような感じもするのです。

コーヒーショップに入ってコーヒーを飲みながら、まだ胸や胃のあたりに特別な感触があるのに気づいていています。その特別な感覚は、微妙に「動いている」のです。胸の下部と胃のあたりにあって丸くて硬い「鉄の塊《かたまり》」のようです。まるで自分の身体内に「鉄の塊」が住んでいるかのようです。イメージがはっきりしてきて真っ黒い色であることが分かりました。黒い鉄のような色が胸の中に浮かんできたのです。

久しぶりにサンフランシスコを訪れ、解放された喜びがあります。不思議なことにその解放感を満喫しているさ中に、その「鉄の塊」が突然侵入してきた感じなのです。その時は、それ以上のことは起きませんでした。

日本に帰ってきて一ヶ月が過ぎたころです。私は「あれはいったい何だったのだろうか」と考えていました。そんなある日、千葉の金谷から三浦半島に戻るフェリーに乗りました。フェリーの中は静かで船内は空いていました。ゆったりとした客席の椅子に一人で腰掛けて、夕日が沈みかけているのを眺めていました。

その風景を見ていると、サンフランシスコで感じた得体の知れない身体感覚が甦ってきたのです。あの「鉄の塊」が再びやってきたという感じです。それまではかなりリラックスしていたのですが、少し不安になってきました。しかし、その「鉄の塊」を《経験する》ことにしました。自分の心の中に向かい合ってみようと決めたのです。

赤い夕日が私の胸元を照らします。太陽の柔らかい日差しを胸に感じながら、その胸の中に「鉄の塊」があります。その周りにはさまざまな色彩のイメージが渦巻いているようです。しばらくすると「鉄の塊」が開きました。それはバラの花びらがつぼみからだんだん大きくなって、花びらを一枚一枚ゆっくりと開いていくように開花したのです。その中から出てきたのは、「寂しい」という感覚でした。花びらはその寂しさを私の身体内部から外の世界に押し流してくれました。

すると、次々にカリフォルニアに住んでいたときの町の風景や郊外の山並み、砂漠や川の流れ、それらが渦巻のように風景を伴って出てきたのです。

私は二〇代後半からカリフォルニア州のフレズノという田舎町に六、七年間住んでいました。その当時、日本人はあまりいません。何もすることがない時は、一人で郊外にドライブに出かけました。三〇分も車を走らすと、丘の麓に川が流れていて映画の一場面を見ているような農村の風景が続きました。誰もいないその道を、私はとても気に入っていたのです。春になると、丘の一帯に野生の花が咲き乱れます。

それが今、涌《わ》き水のようになって噴出してきたのです。思わず涙がこぼれ、瞳は放心したように沈みゆく太陽を見ていました。船の中で呆然としていました。どれくらい時間がたったのか分かりませんが、ぐっすりと寝てしまいました。目が覚めると、二〇年前に心の奥にしまい込んでいた「寂しさ」が消えていたのです。

そしてこの日を境に、胸の塊はなくなり、からだも軽くなったのです。不思議な体験でした。サンフランシスコの街に滞在した時、二〇年も前に押しこめて気づかないようにしてきた記憶が蘇ってきたのだと納得することができました。

身体感覚に注意を向ける

ゲシュタルト療法では身体感覚を大切にします。「いま―ここ」にある身体感覚に注意を向けるのです。

身体感覚は神経で明確に感じることができます。指先を傷つけてしまった時には切り口の部分がズキンと痛むのを感じます。蚊に刺された時はかゆくてたまらなくなります。かゆみに耐えかねて皮膚をかきむしったりもします。空腹のときは何か食べ物はないかと冷蔵庫を開けます。

感情も身体感覚と同様にはっきりと感じることができます。旅行の先で美しい海に出会うと感動や嬉しい感情が湧いてきます。一人でいると寂しくて悲しい気持ちになるときがあります。このように、はっきりと肉体的なことであろうと精神的なことであろうと、必要なことに気づくために身体感覚が生じるのです。そして必要な行動を起こします。

しかし、身体感覚は常にこのように明確なものとして現れるとは限りません。たとえば仕事が忙しいときは空腹であることに気づかないことがあります。忙しさが一段落して時計を見たとき、午後の一時を過ぎていることに気づくと急にお腹がなり、空腹であったと気づくこともあります。

また人間関係は複雑なので、感情が揺れ動いたり、入れ替わったりします。そのすべての心の動きを意識しているとは限りません。尊敬していた先輩を実はずっと前から嫌っていたことにある時気づくこともあります。その反対に、いつも避けていた上司や異性をある時期から魅力的な人間としてみるようになることもあります。

ゲシュタルト療法では、身体感覚に意識を向けるときに、**特定の感覚や感情を十分に《経験する》**ことを勧めます。それらの感覚や感情は、もしかしたらもっと深い気づきを呼び覚ましてくれるかもしれないからです。微細な感覚は、いつも身体の中で息づいています。そのような微細な身体感覚を大切に扱うのです。

身体感覚にアプローチするプロセスは難しくありません。

まず、自分のからだに意識を向けてみるのです。そして、何か言葉でうまく表現できないけれども、自分にとって意味のある感覚を選びます。その身体感覚に焦点を当てて、しばらく《経験する》ことにします。

何か意味づけをしたりする必要はありません。**分析や理由など、あれこれ考えないように**してください。**ただあるがままでいい**のです。もしからだが表現を必要としていれば、さまざまな形で表現を始めます。

✺ 影を《経験する》

津久井《つくい》ミサトさんは二〇代後半の女性でＩＴ関係の仕事をしています。最近、人と関わる仕事がしたいと思うようになり、心理療法にも興味を持っていたところ、友人から誘われて私のセッションに参加しました。からだの動きにも興味がわいてきました。

そこで簡単なからだの動きに注目するようにしてもらいました。シンプルな動きには意味深いものがあります。ゲシュタルト療法では気づきを深めるために「ゆっくり動く」ことをしてみます。

ミサトさんは左にゆっくりと顔を向けました。この動作を繰り返しました。そのとき、顔色を変えて、その動きを止めました。左側に頭を動かすと影が見えるといって怯《おび》えたのです。その影は死体のようです。「怖いからそれ以上の動きはできません」と彼女は言いました。

ゲシュタルト療法は《経験する》ことを強調します。ミサトさんが見た影を《経験する》ために、彼女に影になるように伝えました。「とても怖くて影にはなれない」といいます。そこで、その影をもっとよく観察するようにしてもらいました。

しばらくすると、影はやはり「死体である」と言いました。どうも男の死体のようです。「その死体は『無念だ』と叫んでいる」と言いました。ミサトさんは、ここまで表現すると、影になる決心がついたようです。「影になる」と言いました。自分の左側の後ろに影があり、その位置に移動して横たわりました。

「俺は闇の世界で生きていく」

「無念だ！」

「闇の世界で生きていきたい。人のしないことをするぞ、だが人の恨みを受けて殺されてしまった。無念だ！　まだまだやりたい放題をし尽くしていない」

このように叫んでいたときのミサトさんの声は自信に満ちていました。エネルギーも十分に感じられました。

その影の声を聞いて、私は『ゲド戦記』の影を思い浮かべました。まるでミサトさんは、自分の影の力に怯えているゲドのようでした。

ミサトさんは地方育ちです。近くに親族も多く、おばさんたちから「津久井家のミサトちゃん」と呼ばれていました。躾《しつけ》をキチンとされて育ったようです。女の子は優しく控えめにと教えられました。ミサトさん自身も、大人になった今でも時々「津久井家のミサトはそんなことしないでしょ？」という言葉を自分に言い聞かせます。地方から大学に進み、都会で働いている、そのような人が影を見たのです。自分の生き方とは正反対の闇の世界で生きる男の影を見たのです。怯えるのはごく自然なことです。

ミサトさんはその影の声が、自分で押し殺していたエネルギッシュな自分自身であることにはまだ気づいていません。そのような粗暴な力を自分の中に認めることはできないようです。

ミサトさんは、今までのように意識しないままにふるまうのでしょうか。それとも、ゲドのように、いつかこの影と向き合う日が来るのでしょうか。

アプローチ法

1. 身体感覚に意識を向ける。
2. 特別な身体感覚を一つ選ぶ。
3. しばらく《経験する》。
4. イメージや特別な感覚が浮かび上がる。
5. そこにしばらくいる。
6. その身体感覚が動き出す。
7. あるいは表現を始めるのを待つ。
8. 声を与える、対話する。
9. 気づき、洞察、統合が起きる。

4

「いま―ここ」の問題に気づく

✺ 未解決な問題

からだの一部に「声を与える」、そして「対話する」。それから「身体感覚を意識する」。これができるようになると、もっと自分の内面を深めるために「対話する」ことができるようになることも分かったと思います。この「対話する」方法は、ゲシュタルト療法の真髄です。**対話をすることで、自分で真の問題を発見できる**からです。

「えっ、そうか。これが私の本当の問題だったのだ」と自分を発見するのです。そして、問題が明確になったときには、それはもはや問題ではなくなります。自分で発見した問題に「では、どうすればいいのかな？」と対応することを考えられるようになったからです。身体感覚へ意識を向けたり、湧き出てくるイメージに問いかけたり、その意味を探求する方向を探し出すことができるからです。

ゲシュタルト療法には、「**未解決な問題**（unfinished business）」という概念があります。未解決な問題は「いま―ここ」のあなたに影響を与えます。もし、あなたがのどの渇きに気づけば、コンビニエンスストアに行ってペットボトルを買うでしょう。夕方であれば、ビールを飲みに店の前で足を止めるかもしれません。このように、生物は自ら欲求に気づき、それを満たすための行動をとります。その欲求が満たされると、次の欲求に移行するのです。

ところが、その欲求が満たされないとどうなるでしょうか。この欲求が満たされないレベルを「未解決（未完了）」といいますが、その満たされない状態が続くと、**未解決な状態を完結させるために、欲求はさらに強くなります**。

あなたは朝出かけにお腹が空いていることに気づきます。冷蔵庫を開けてみると、今すぐに食べるものがありません。料理をするか、ちょっと時間をかけて作らなければいけません。しかし、友人とランチを食べることになっています。「まあ、いいか」と自分に言い聞かせて家を出ました。

待ち合わせの場所に来て友人を待っています。さっきよりお腹が空いてきたことに気づきます。「もうすぐだから」と思って我慢します。

そこに友人からメールが届きました。「ちょっと遅れるヨ(_ _)ヨ」と入っていました。あなたは「あの人は、いつも時間にルーズなんだから」と、ふだんよりもムカツキます。なぜか、お腹がキューとなりました。

目の前にハンバーガー店があります。おいしそうにポテトチップスを口に入れながら店を出てきた親子がいます。「もう、立ち食いをさせてみっともないわね」と他人にも腹が立つことに気づきます。……

このように欲求が満たされないと、その「未解決」な欲求は、どんどん欲求を満たすために強くなってきます。それだけでなく、精神的にも影響を与えたりして、人間関係のトラブルの原因にもなります。この欲求が未解決なまま続いている状態を、「未解決な問題」と呼ぶのです。

しかし、この「未解決な問題」に**気づくことで、人間関係やコミュニケーションがよくなります**。時には、からだの症状に影響を与えることもあるのです。

もし日常の仕事、家庭、学校の生活の中で突然浮かび上がってくる未解決な欲求が「父親の怒った顔」「母親の嘆く声」「子どもの頃のいじめの場面」であったとしたら、本人はいつも何かにおびえてしまいます。自分の感覚や人間関係にも気をつかうようになるでしょう。これが「未解決な問題」なのです。それに気づくことができれば、解決するための方法に立ち向かうことができるのです。

❁隠されていた原因

倉戸美紀子さんの例です。彼女はミキさんと呼ばれています。人から好かれる感情の豊かな女性で、職場でも喜怒哀楽を自由に表現しています。「私も自分のことで何かやってみたいわ」と、臆せずにグループの前に進み出てきました。ニコニコ微笑んでいます。

「では、自分の今のからだに意識を向けてください」

そう言われて目を閉じました。呼吸もだんだん落ち着いてくるのが分かります。そして彼女は、自分のからだの感覚で気づいたことを述べてくれました。

「右手が重い感じですね」

ミキさんはそのように言いながら、右手を「握りしめたい」ことに気づきました。右手に力が入ってきます。グッと右手を強く握りしめると、「口惜しい」という気持ちになってきました。

「右手は『口惜しい』と言っています」

このように私に伝えた後に、「モヤモヤした感覚がのどから胸にあります」と言いました。それから、「その感覚には色がついています」と教えてくれました。このように、ミキさんはかなり感受性も強いようです。

「青い色をしています」

そして自分で自問しながら「どうにかしたい」という気持ちと「どうにもならない」という気持ちがモヤモヤした感覚の正体であることに気づきました、と述べました。このモヤモヤした感覚は、右手に「分かった。分かった」となだめているようでもあると教えてくれました。

この「分かった。分かった」と言っているのは、母親の声でした。

ミキさんは母親から深い愛情を受けて育ったようです。彼女によれば、それは子どもの頃、母親に何かをねだっても買ってくれなかった時に、だだをこねると、「分かった。分かった」と言ってニコニコしながら買ってくれた母親の声だったのです。

そんな彼女は、仕事も職場の人間関係もうまくいっていました。そうです。新しい上司がやってくるまでは、すべてが順調でした。

「最近、頭が締め付けられるのです」

「耳鳴りもします」

その職場の上司の話をしたときのミキさんは、別人のようでした。彼女の表現によれば、最近職場に行くと「目の上から幕が下りてくる」らしいのです。そのように話している時の彼女は、呼吸が浅く止まっているのが観察できました。

ゲシュタルト療法は、このような場面に焦点を当てます。彼女が職場に着いて「目の上から幕が下りてくる感覚」をもう一度再現してもらいます。もちろん今度は呼吸にも意識を向けて浅く止めてもらいます。

このような場面はしばしば「未解決な問題」と関係があるからです。ミキさんはしばらくこの感覚を《経験する》ことにしました。すると、子どものころのある場面が思い出されたのです。

子どもの頃、父親に反抗して「生意気だ」としかられ、それでも文句をいったら殴られたのです。この場面がパッと目の前に浮かび上がると、彼女は目を開きました。

「分かりました」

「今の上司が近づくと耳鳴りがする理由が分かりました」

ミキさんは父親に似ている上司が近づくと、緊張して浅い呼吸になります。そして必要以上に怖く感じていたのです。

「分かりましたよ」

「感覚と感情のからくりが分かりました」

上司が近づくと、怖いという感覚を麻痺《まひ》させるために顔を緊張させます。そして目の上から幕を下ろすのです。呼吸を止めて「耳鳴り」をつくりあげて自分の注意をそちらにそらしていたのです。

上司の顔に「父親を重ね合わせます」。するととても怖くなるのです。心の中で怒鳴り散らす父親を重ね合わせ、反抗した子どもに戻るのです。

彼女は言葉を続けました。でも子どものときに反抗したのは父親に自分のことを認めてもらいたかったからです。もしかしたら上司に対しても自分を認めさせようとして、それがうまく思うようにならなかったからかもしれません。

このように、特定の人間、異性、事柄などに、いつもより過敏に反応している場合には、**本人の「未解決な問題」が知らないうちに影響を与えている**ことがあります。職場のトラブルの多くは、このような人間関係が原因になることがあるのです。

乱暴な口を利く上司や威張《いば》り散らす上司は、周囲の人たちを嫌な気分にさせます。ときには耐えられなくて出社拒否になったり、職場の配置代えの希望を出す人もいます。このときに上司も、じつは彼が抱えている「未解決な問題」を周囲に向けているのです。部下に「俺の気持ちがなぜ分からんのだ」と怒鳴っているのですが、それは彼を受け入れてくれなかった母親や父親に向かって叫んでいるのかもしれません。

そして部下は自分の「未解決な問題」を重ね合わせて過剰におびえたり、憎んだり、避けたり、病気になったり、そのようにしながらも相互に共鳴しあっていくのです。

アプローチ法

1. あなたに特定な感情を引き出す人物を選ぶ。
2. その特定な感情に意識を向ける。
3. その特定の感情は「いつごろからあるのだろうか」と自身に問いかける。
4. 最初に感じた人物（思い浮かんだ後にまた次の人物が思い浮かぶこともある）に焦点を当てる。
5. その時に表現できなかった行為、言葉、感情を表現する。

5 不思議な体験を受け入れる

✺スピリチュアルな感覚

身体感覚には、ふだんから注意深く意識を向けていないと見過ごしてしまう微細な体験があります。しかし、自分のからだに意識を向けていると、驚くほどいろいろな変化や感覚が生まれては消えていき、再び新たな感覚が起きていることに気づくでしょう。自然の中でそれらの感覚が浮かび上がることもあります。

もちろんスピリチュアルな体験は風土や文化にも影響を受けます。現代教育の中で育てられた私は、あまりスピリチュアルな事柄には出会えませんでした。むしろそれらを否定的な感覚で見たり、聞いたりしていたのが常でした。

しかし、ゲシュタルト療法のセッションの中で、しばしば個人が**自己成長のプロセスで**

スピリチュアルな断片を垣間見せてくれることに気づくようになりました。

川村葉子さんは、人が苦手だと言っていました。特にグループの中で自分の意見を発言しなければならない会議や、デパートのように大勢の人たちがいる人ごみは怖いとも言っていました。

その葉子さんが「今日は自分が何を怖がっているのか（人の何が怖いのか）をみてみたい」と手をあげたのです。

セッションが進み、ある場面になったときのことでした。「いま―ここ」で感じていることを音で表現するように言いました。

「怖いという感覚をどこで感じているのか意識してみてください」

「ここ（おなかのあたり）です」

「その感覚を音で表してください」

このように、怖いという感覚を音で表現するように勧めたのです。

「ギャー。。。。。。」

と葉子さんは叫びました。

いや、吠えたといったほうが正解かもしれません。

一瞬でしたが、その瞬間に彼女は野生の山猫か狐が獲物を捕まえる仕草を見せました。このとき彼女は本当に野生の肉食動物になっていたのです。もし彼女が一〇〇年前に森の中に住んでいる部族の女性であったら、その野生の動物が自分の守護霊であることに気づいたことでしょう。

その野生の動物は常に一匹で行動し、集団行動をとりません。単独で獲物を捕まえます。用心深く、人に近づきません。人の気配を嫌うのです。その習性を知っていれば、集団や人が「怖い」のではなく、本能的に人を「避けている」ことを受け入れるでしょう。そして、自分の感覚を新たな視点で受け入れるようになると思ったのです。

私はこのことを葉子さんには伝えませんでした。今の段階では、「ギャー。。。。。。」と叫んだときのエネルギーの強さが彼女自身にあることに気づくだけで十分だったからです。

✺ 龍の出現

前のセッションで不思議な表現に触発されたのでしょうか。次に手を上げたのは、三〇代の新庄美里さんです。

彼女は「上半身になんとなく違和感を感じる」と表現しました。ふだんから身体の中に「グルグル何かがある感じです」と言います。それは「青い鉄の輪」のようです。

しばらく、その感覚を受け入れてもらいました。ゲシュタルト療法は、このような「感覚」を十分に《経験する》ことを勧めます。私たちの社会では、意味のないもの、明確でない感覚、ふだんと違った違和感をどのように扱えばよいのかという教育がありません。しかし、心理学の世界では、このように個人の身体内で起きていること、意味のないもの（思考で意味のないものと判断したもの）、不思議な感覚、言葉で表現しにくい感覚は**とても意味があるものとみる**のです。彼女の例をもう少し見ていきましょう。

「この青い鉄の輪は、胃のあたりから胸のところを上昇したり下降したりする感じです」

このような感覚をさらにしばらく《経験する》ように提案しました。すると、次の新しい感覚が生まれてきたことに気づいたようです。

「何か息苦しい」

このように少し変化が生まれてきました。さらに注意を向けて内的な感覚を《経験する》ように勧めました。すると彼女は、言葉に詰まったというか、言葉にして表現することをためらう様子が見受けられたのです。「どんな感覚ですか」と、言語で表現することを促すように聞きました。

すると彼女は「こんなことは今まで誰にも言わなかったのですが」と言って、次のように続けました。いつも身体の中に何かがいて、「ちょうどヘビが自分の尾をくわえてグルグルと回っている図〔ウロボロス〕のような感じなのです」と表現しました。

「外に出たい感じです」

「外に出たがっている気がする」

私はグルグル回って頭が尾をくわえている生き物を信頼するように勧めました。
するると彼女が安心したように呼吸をゆっくりしたのが観察できました。
そして彼女の中で回っている輪が大きくなりました。
やがて頭が胸から肩へ動き、右手の先の方へ伸びていったのです。手のひらの真ん中から外へ出て、美里さんの周囲を回り始めました。

「龍ですね」

彼女の場合は、龍が望んでいるようにからだの外に出してあげました。

「上半身が軽くなりました」

「そして龍は私の周りにいます」

いつの日か彼女には龍と対話する日がやって来るかもしれません。あるいは、自分の守護霊として龍に話しかけるかもしれません。あるいは、この日のことを忘れてしまうかもしれません。

どのような選択をしてもよいのです。「いま──ここ」にある**自分の身体感覚を信じて、それを表現することで、次の気づきの扉が開く**からです。

アプローチ法

1. 身体内部にある感覚を探す。
2. 微細な感覚に意識を向ける。
3. その感覚にまかせる。
4. 身体の内部から生まれた動き、リズム、イメージを受け入れる。
5. その感覚の生まれてくるままに表現する。
6. 対話する。

第2部

ゲシュタルト療法とは何か

自覚それ自体が治療的でありうると私は信じている。
――フリッツ・パールズ

1 ゲシュタルト療法が生まれるまで

創始者パールズ

パールズは、一八九三年に、ドイツ、ベルリンのユダヤ人街で生まれました。

子どもの頃のパールズは反抗的であったようです。その反抗的な態度は父親との葛藤にあったのですが、社会に対してもあからさまに反抗的な態度を示して、一三歳の時に退学処分を受けてしまいます。しかし、彼の能力を認めてくれる教師と出会い、一六歳の若さでベルリン大学医学部に合格しました。二七歳のときに精神医学の博士号を修得します。

その後、第一次大戦中は従軍医として勤務しますが、一九二六年、ゲシュタルト心理学に出会い、クルト・ゴールドシュタインのもとで病院助手として働きます。この病院で彼は、ゲシュタルト心理学に基づき、脳損傷の兵士の知覚障害を研究していました。そして、この職場でゲシュタルト心理学者であり、後に妻となるローラと出会うのです。パールズのゲシュタルト療法は、妻ローラの理論的な支えなくしては創られなかったようです。

一九二七年、パールズはウイーンで精神分析学の訓練を受けます。指導者はカレン・ホーナイ、オイゲン・ハルニックなどですが、このときウィルヘルム・ライヒにも分析を受け、後にその身体中心型療法のアプローチを取り入れることになります。

一九三四年にはヒトラーの台頭を嫌ってオランダへ逃れ、南アフリカに移住して精神分析学研究所を設立します。一九三六年には、精神分析学会に論文を提出するためにドイツへ戻り、フロイトに会見しましたが、数分の会話で失望に終わったようです。

その後、彼は精神分析とたもとを分かち、一九四六年にアメリカに移住します。彼はここでゲシュタルト療法を発展させ、一九五二年にゲシュタルト・セラピー・ニューヨーク研究所、シカゴのクリーブランド研究所を設立します。

当時、ゲシュタルト療法についての彼の初めての著書『自我、飢餓、そして攻撃』（一九四七）はほとんど売れず、世間から注目されることはありませんでした。ちなみに、邦訳『ゲシュタルト療法――その理論と実際』（倉戸ヨシヤ監訳、ナカニシヤ書店、一九九〇年）は、この『自我、飢餓、そして攻撃』と『ゲシュタルト療法』（一九五二）の二冊分を合わせた内容になっています。

ゲシュタルト療法が注目をあびるようになったのは、彼が一九六四年四月、カリフォルニアのビックサーにあるエサレン研究所（Esalen）に移り住んでからです。当時エサレンはアメリカ文明に反抗した若者たちのメッカとなりつつあり、ここで彼は数多くのワークショップを開催しました。それからというもの、彼の噂《うわさ》を聞いた人々が、自由の地であるエサレンに集まるようになりました。後にゲシュタルト療法を世界的に紹介するようになった多くの弟子たちです。日本に二〇年近く滞在してゲシュタルト療法を日本に広めたポーラ・バトム女史（Paula Bottome Ph. D.）もその一人です。彼女はそのときのことを私に話してくれました。

「私もパールズの噂を聞いてエサレンでワークショップを受けに行ったの」

その時、彼に出会った衝撃を、彼女はこのように表現してくれました。

“Je!! He really knows something about people and the life”（あぁ、彼は人間と人生について何か大切なものを本当に知っているわ）と直感したとのことでした。

この時代はベトナム戦争後の人間性回復運動がカリフォルニアで起こり、武器を捨てて花と平和を掲げた若者たちのライフスタイルが有名になり、ヒッピーという言葉が流行しました。それは政治の世界だけでなく心理学の世界にも訪れていたのです。

この時期にパールズの新しい心理療法は「ライフ」誌に取り上げられ、突如、全米で有名になりました。彼のもとには多くの探求者が集まりました。そこでパールズはクライアントが人々の前で自分自身と会話する「エンプティチェア・テクニック（空いすの技法）」を編み出しました（第3部の1を参照）。

これも偶然ですが、二〇〇八年にカナダのバンクーバー島で行われたセンサリーアウェアネスのセミナーに参加したときのことです。シアトルから奥さんと参加した年配の男性カウンセラーは、「じつは私が最初のエンプティチェアに座った人物さ」と教えてくれました。彼は奥さんとシアトルでカウンセリングをしているそうですが、「椅子《いす》に座ると、私はなぜか父親の名前を泣きながら叫んでいたんだよ」とのことです。しかし、この時点では、パールズもまだしっかり理論化していなかったために「私も、見ていた参加者も、何が起きたのか分からないままだった」と話してくれました。

さて、パールズは晩年、ゲシュタルト療法の共同体を作ろうとバンクーバー島に移り住みました。しかし、一九七〇年にヨーロッパの旅から戻った彼は、心臓発作のため、人生の幕を閉じます。パールズ七〇歳の時でした。

ホリスティックな心理学

　ゲシュタルト心理学は一九世紀の後半、ドイツとオーストラリアで生まれましたが、ゲシュタルト理論をもとに心理学に応用しようとするものです。当時は、医学、科学が進歩しつつある時代です。パストゥールの細菌の発見は医学に多大な貢献を残しました。科学では分子構造の理解などがなされ、すべての物を分解し、解析することで物質の原理や人間の原理を理解できるという考え方（還元主義）が主流でした。

　ゲシュタルト心理学は、人間が世界をどのように知覚するのかを研究する心理学ですが、その原理は、そのような個別化、細分化する還元主義的な考え方とは反対の立場をとりました。すなわち、人間は世界を「ゲシュタルト（全体性、意味あるもの）」として知覚する、という視点です。

　私たちがあなたを見るとき、「あなた」（＝全体）を認識（知覚）します。あなたの「この部分」を認識するわけではありません。あなたの着ている服装、足の長さ、学歴、表情、仕草、骨格、血液型、家系などをいくら個別に分析しても、それはあなたの一部分です。ゲシュタルトとは「全体性」ですから、**「個々の要素」をいくら足しても、ゲシュタルト＝あなた（全体）にはならない**、つまり**「全体は、その部分部分の総和より偉大であ**

る」という視点を持ちます。全体は部分どうしの相互作用・相互依存によって成り立っているため、諸部分は全体における機能と場を離れては成り立ち得ないと考えるからです。

では、部分は全体とどのように関わるのでしょうか。これは、人という有機体が、特定の場においてどのように知覚をするのかに関係してきます。これを説明するのが「**図**（figure）」と「**地**（fond）」という概念です。

次頁のイラストを見てください。

これは、人は同じ刺激（世界）を見ても、知覚の仕方によってまったく違うものとして認識するということを示す有名なゲシュタルト心理学のイラストです。

まず、あなたはこの図を見たときに、「杯《さかずき》の形」か「人の顔」のどちらかに気づきます。よく観察すると、あなたは「杯の形」と「人の顔」を交互に一つ一つとして認識（知覚）していることに気づくでしょう。あなたは決して、同時に「杯」と「顔」を認識（知覚）することはできないのです。一時に、どちらか一つしか認識（知覚）することはできません。

「図」とは「意味のある形」「意味のある顔」として認識しているときのことを示しています。そしてその他の部分は焦点の背景から消えていきます。もし、あなたが「杯の形」を認識（知覚）している場合には「人の顔」は認識できません。知覚しないのです。反対

ルビンの杯（図地反転図形）

に「人の顔」を認識（知覚）しているときは、逆に「杯の形」が背景になってしまいます。「図」は**あなたが選んだもの、焦点を当てているもの**、つまり**認識しているもの**を示します。「地」はそのために**背景となって認識しないもの、知覚しないもの**を示します。ゲシュタルト心理学は、気づきを説明するためにこのような原理を説明するのです。

パールズは、気づきの原理をこのゲシュタルト心理学の基本概念から取り入れました。まずあなたは、気づくために、世界の何かに意識を向けて、それに「注意を払います（attention）」。そして、それが明確な意味あるもの（形）、つまり「図」になってきたときに「気づき（awareness）」が起こり、他のものは背景（「地」）になっていくのです。

二つ目の原理は、選択です。もしあなたが「杯の形」（「図」）に気づいたとします。すると「人の顔」は背景（「地」）となって気づくことがありません。しかし、しばらく「杯の形」を見ていると、ある瞬間に「人の顔」に切り替わることに気づくでしょう。あなたが「人の顔」を選んだ瞬間です。すると今まで「図」になっていた「杯の形」はもう認識（知覚）することができません。背景（「地」）となってしまったのです。このように「図」と「地」はいつも入れ替わります。もし、このイラストがもっと複数の形を表していたら「図」に上ってくる形はいろいろです。そしてそれ以外の形は「地」（背景）になって認識できません。この原理が、**気づきの選択の原理**です。

そして、この形を「図」に上らせているのはあなた自身です。あなたが選択しているのです。あなたが「図」に興味（意味）を失えば、次の欲求（興味）が「図」になります。この「図」を選んでいるのはあなた自身です。つまり世界を認識することをあなたが選択して選んでいることになります。したがって、あなたが選んでいることに気づくことができたら、自分に責任を持てるようになるわけです。

✵身体と精神の統合を目指して

パールズに重要な精神分析的影響を与えたのはウィリヘルム・ライヒ（Wilhelm Reich）です。フロイトの精神分析を学ぶために直接受けた一人がライヒでした。ライヒは後に「生体エネルギー療法」を唱えてフロイトと袂《たもと》を分かちます。実質は破門です。ライヒは身体中心型療法の流れをつくり上げた先覚者ですが、過激な政治的な立場と時代に先駆けた性行動を真正面からとり上げたため、時代からも拒絶されました。

ライヒは「筋肉の鎧《よろい》」という概念を強調し、クライアントが自分の悲しみ、恐怖、怒りを感じなくさせるために筋肉を緊張させて閉じ込めてしまうことに気づきました。それは自分を脅かす世界から自分を守る方法でもあるのです。人は筋肉を緊張させて「鎧」のようにして自分を守るわけです。人生の早期にそれを習慣化させることで、人は自分のパーソナリティーを確立させます。その防衛機能の働き方が個人のパーソナリティー（性格）であるととらえ、「性格の鎧」という表現を用いました。

ライヒは、クライアントの緊張をとり除くために身体《しんたい》に直接働きかけたのです。クライアントに触れることもありました。これは精神分析が主流であった心理療法の世界では画期的なことでした。精神分析は、映画などの場面のようにクライアントを椅子に座らせ、横に寝かせて、精神分析家はその横に座っていたのです。

このような精神分析学が中心の時代に、ライヒが提唱した身体中心療法がパールズに強い影響を与えたのは当然のことと言えるでしょう。

二〇〇八年の屋久島セッションに招待したビクトリア女史（Victoria Story；Gestalt Institute of the Rockies）は、「パールズの妻ローラが、クライアントの真正面に座り、クライアントの目にコンタクトした最初のセラピストです」と教えてくれました。このようにゲシュタルト療法では、**「コンタクト（接触）」という概念を重視**します。身体と精神の統合（ゲシュタルト）を目指したゲシュタルト療法は、ライヒの精神と身体の関係と同じく、一元論という立場をとり続けています。

フロイトは、抵抗の重要性を強調し、クライアントの抑圧を理解するために解釈と自由連想という手法を用いたのです。それに対してパールズは「何を抑圧、回避しているか」という**〈内容〉が重要なのではなく、〈回避の形態〉が重要なのである**と指摘しています。つまり「どのように回避しているのか」「どのような方法で感じないようにしているのか」、その仕方が大事だと言うのです。

それは、「なぜ、回避しているのか」とか「なぜ、抑圧しているのか」を理解しても、クライアントは何も変わらないからです。その代わりに「どのように」という視点を取り入れました。精神分析が「なぜ（Why）?」とクライアントに問いかける代わりに、パールズはゲシュタルト療法で「どのように（How）?」と問いかけるのです。

✺ 実存主義と現象学の考え方

ゲシュタルト療法はその哲学背景に現象学・実存主義の原理をとり入れています。パールズが「ゲシュタルトは実存主義セラピーである」とも述べているほどです。

実存主義とは、個人のユニークな存在は個人の独自な経験によって成り立っていると主張する哲学です。人の存在の本質はどこか見えない高尚なところにあるのではありません。「あなた」は人として生きるために**〈無の経験〉**や**〈死の恐怖〉**に直面する人間です。「あなた」は人として生きるために〈**孤独**〉を感じ、それを受け入れていく存在なのです。

このように人はまず実存することが何よりも大切なのです。そして死と孤独を本当に感じたときに、「あなた」は生きるために、**自分の行動を責任を持って選択**することができます。

かつてポーラ・バトム女史は、実存主義を説明するときに次のように語っています。

私たちは自分の死の恐怖や孤独感、無の経験に悩まされます。そのとき、それから逃げるのではなく、それを十分に《経験する》ことです。死の不安や孤独感を見えないように心の隅に追いやろうとしたり、コントロールするのではなく、全面的に受け入れてください。そして私という存在が〈死と孤独〉への不安を持っていることに気づいたとき初めて、そのことを乗り越えるために自分はどのような生き方をしたいのか〈選択する〉ことができるようになるのです。もし、あなたがそのような死の不安や孤独感、無に気づかなければ、選択はできないのです。実存主義とは気づき、そして選択することができるという立場をとっています。そして選択することができるということが〈自由〉ということの本当の意味なのです。実存主義の「実存は本質に先立つ」というテーゼの意味はこのことでもあります。

ここでゲシュタルト心理学の説明にイラスト「ルビンの杯」を用いたことを思い返してください。私たちが「杯」に気づいた（「杯」が「図」になる）時に、「人の顔」は背景（「地」）となっていきます。しかし、しばらくすると「人の顔」に気づきます（「人の顔」が「図」になる）。すると今まで「図」になっていた「杯」は、背景（「地」）になって見えなくなります。

私たちの世界では、「杯」や「人の顔」だけでなく、植物、動物、山、風、歩いている風景、電車、人、職場のコーヒーカップ、ガチャンと何かが壊れた音、すれ違った異性など、たくさんのことが「図」になります。そして他のものは背景（「地」）に押しやられます。

このように、私が気づいた物、人、事柄は、私自身が選択して〈**選んだ世界**〉でもあるのです。実存主義は、あなたが気づき、そして選択した世界に責任を持つという立場を強調します。

クライアントが、「私はトラブルに巻き込まれて困っています」と述べたときに、ファシリテーターはしばしば「あなたはどのような方法でそのトラブルを選んだのですか」と尋ねます。このように問いかけるのは、それによって自分のつくり出した世界に責任をもってもらうためでもあります。

この実存主義に影響を与えたのは、現象学という哲学の流れです。現象学とは、本質を知る上で「いま—ここ」に現象として表れていることを正確な記述を通して理解しようとする学問です。パールズがフロイトの精神分析と決別して独自のゲシュタルト療法を創り出したのは、過去の問題に原因を求めて分析することをやめて、「いま—ここ」に答えがあるという立場に立ったからでした。**本質は見えないところにあるのではなく、「いま—ここ」に表れている**と

「いま—ここ」の現時点にクライアントがいます。精神が問題なのではありません。身体だけが問題なのでもありません。ゲシュタルト心理学の定義「全体は、その部分部分の総和より偉大である」を思い出してください。

「いま—ここ」の現時点で、もしクライアントが心の中で不安を感じとったとしたら、それは目の動きや姿勢に表れます。同時に身体のどこかを緊張させたとしたら、心の中にも緊張が伝わります。

クライアントのある部分を要素とみなして分解して何か本質を探し出そうとするのではなく、「いま—ここ」に座っているクライアントがすべてを表現しているのです。クライアントは、精神という要素と身体という要素をただ単に足しただけの存在ではありません。それ以上の存在、それより偉大な存在なのです。

✺ 禅との深い関連

ゲシュタルト療法には東洋の哲学が生かされています。パールズは一九六〇年代に京都の大徳寺を訪れて参禅を体験しています。彼自身も、禅の体験で得た経験から、「気づきとは、禅で言う〈悟り〉と同じことである」と述べています。英語では「分かった」「気づいた」という表現を“Ah-ha”（アハ）と言います。このアハ体験が気づきなのです。

ゲシュタルト療法では「いま―ここ」の現時点のことに焦点を当てていきます。道元の教えに「而今現成《にこんげんじょう》」という言葉がありますが、「永遠の今を生きる」「いま、この瞬間を臨終と心得よ」という意味であると聞きます。

現代の心理療法の言葉に直すとしたら、**思考領域のプロセスを止める**ことです。思考領域へ意識がいくこと、つまり考えることは人間の特徴でもありますが、思考は「過去と未来」について想像することです。私たちは、過去の過ちやつらい体験、出来事を思い出して自分を悔やんだりします。しかし、**他人と過去は変えられません**。また、私たちはまだやって来ていない将来について、あれこれと心配します。しかし、未来は現実ではないので想像することしかできません。それは想像ですから実感が湧きません。そのため、不安が出てきます。このように、クライアントは「過去と未来」を往ったり来たりします。そのように、考える世界（思考領域）に意識を向けるのではなく、**「いま―ここ」に存在し続けることで、本当の自分にふれることができるようになる**のです。

また「**身心一如**」という言葉は、ゲシュタルトの基本概念である「精神と肉体は一つ」という概念と同じです。私たちは完全に目覚めているわけではなく、本当に体験していることに気づいているわけでもありません。自身の一部分を自覚しているだけです。

現代人は思考レベルでの言語的な表現はたくみになりました。それでも、それはあなた自身のほんの一部でしかないのです。しかし、私たちは時々そのような世界から目覚めることがあります。それはセラピーの中でも時たま起きることです。

道元の言葉に「非思量《ひしりょう》」という言葉があります。坐禅では悟りについて考えることよりも坐禅することを優先します。いくら考えてもそれは思考の世界の産物でしかありません。そのようにする代わりに、身体感覚に意識を向けるのです。禅とはまず、坐禅をする行為なのです。現代の心理療法では、**意識を思考領域に向けるのではなく身体感覚（内部領域）に切り替える**ように指示します。このようにすることで、非思量の世界に触れることができるのです。ゲシュタルト療法は、この瞬間を「気づき」と呼ぶのです。

パールズは、「我々はそれを“the little-awakening, a mini-satori”と呼んでいる。“the great Satori”はめったにないけれどもね」とも述べています。

2 自己成長のしくみ

✺ 人はなぜ成長できるのか

人間はたえず自己成長をする存在です。では、個人が心理的な成長をすることができるのはなぜでしょうか。それは私たちが有機体であるため、「個人」と「環境」との関係に気づくことができるからです。

有機体としての生物はすべて「自己調節（self-regulation）」の機能をもっています。これを「**ホメオスタシス**（homeostasis）」といいます。

細胞は細胞膜で囲まれていますが、この細胞膜の中で栄養素や水分が不足した場合には、膜の外の世界から栄養素や水分を補給し、常に一定の栄養素や水分が細胞内で維持できるようにするのです。このホメオスタシスの原理は臓器や身体組織のレベルでも機能しています。呼吸は酸素を体内に取り入れる機能です。酸素が欠乏すれば深呼吸が自然に起こります。血液は血管で守られています。血液の中に水分、糖分が過剰になると、インシュリンを分泌して血糖値を一定に保ちます。

生命体はこのように自己調節の機能によってからだを維持しています。ホメオスタシスの原理は生理的な欲求として現われるだけではなく、心理的なホメオスタシスとしても機能しています。

個人と環境の間には「**コンタクト・バウンダリ**（contact boundary 接触境界）」という境界線があります。「私」という存在が生存し続けるためには、つねに「環境」に働きかけ続けなければなりません。「私」という生き物が生存するためには、水分や栄養が欠乏していることに気づき、「環境」に働きかけて栄養源（食べ物）を探します。心理的な世界についても同様です。「私」は寂しさ、怒り、孤独に気づくことが可能です。だからこそ、人という「環境」に近づいたり、離れたりすることができるのです。

「私」が愛情の不足を感じた場合には、人（環境）との接触やコミュニケーション（愛情）を求めます。また、人から傷つけられたときなどには、逆に人とのコンタクトを回避して引きこもります。私たちは、この接触と引きこもりを自己調整して生きていく存在です。このように、「私」にとって必要なことに気づける能力（自己自覚）がもともと備わっているからこそ、「環境」に必要なものを求めて均衡を保つことができるのです。

✷ 自己成長のシステム

パールズは、成長のプロセスとは、自己自覚の領域の拡大プロセスであり、心理的成長を阻む一番の要因は自覚の回避である、と述べています。そして、その筆頭として挙げられるのが「未解決の問題」なのです。パールズは、人間が「未解決の問題」を終結させて自己成長するために、以下五層一核の成長モデルを示しました。

このモデルはフェンガン（Fangan, J.）とシェファード（Shepherd, I. L.）の「パーソナリティーの五つの層」に核を加えて五層一核としたものです。

① 決まり文句の層（cliche layer）

私たちの最も表層にあるのはこの「決まり文句の層」です。たとえば私たちは「こんにちは」「よい天気ですね」「ごきげんよう」というような決まりきったコミュニケーションを最初に行います。このような決まりきったコミュニケーションによって、とても安全な関係を保つことができます。お互いに深い関係を築くことがないわけですから、表面的で安全な関係なのです。

② 役割の層（role layer）

この「決まり文句の層」を突き抜けると、社会的に自分自身を演じている「役割の層」になります。この層では、個人的ではありますが「役割」を通して表現をしています。

女性は、社会で働いている時は優しい女性であり、家庭に戻れば良い母親になります。男性は一生懸命働くサラリーマン、父親、強い男として自分を表現します。内向的な性格あるいは社交的な性格も、役割です。演劇の好きな人間、スポーツマン、かわいい娘、また時には神父さんや宗教家であったり、こういう社会的な役割を演じている時は個人的な感情を伴わない安全な領域にいることができるのです。自分の信念や信条などもそうです。

③ 行き詰まりの層（impasse layer）

これら二つの表層に留まっている限り、人は安全な自分でいることができます。しかし、人は成長するために、時にはこの役割を剥《は》ぎ取る必要があります。役割を取り払ったときに、人は「私はいったい誰なのか」と考えます。もし、母親であること、サラリーマンであること、娘であること、優しい人間であること……、これらのものを取り払ったなら、そのときに「本当の私は誰なのか」と問いかける瞬間が訪れるのです。

ところが、人は役割を演じていない時の自分に出会うと、「恐れ、空虚、当惑」を感じ出します。ふだんの自分の殻や役割を破る必要があるからです。そのためにこの層は「恐怖の層」と表現されることもあります。この層は環境（役割）からの支持、サポートが得られないために身動きのできない状態になるという意味で、「停止、行き詰まりの層」と表現されるのです。多くの人はこの層にぶつかると、あわてて「役割の層」に戻ってしまいます。

④ 内破の層（implosive layer）

さらに深く自分に触れると「内破の層」に突き当たります。この層は、実存的恐怖と呼ばれる「死の恐怖」「絶望、孤独」に直面します。ゲシュタルト療法のセッションを進めていく過程で寂しさや死の恐れが浮上してくるのは、この層に突き当たるからです。これは、人間が根本的に抱えて生きていかなければならない永遠の課題でもあります。実存主義の哲学で、人にはまず〈死と孤独〉がある、と指摘している部分です。

⑤ 外破の層（explosive layer）

さらに内面の自己を自覚すると、本来の自分自身のエネルギーが爆発して新しい行動をとることが可能になります。そのためにここを「爆発の層」と呼ぶこともあります。**人間**

の持っている「悲しみ、性的抑圧、怒り、喜び」を自由に表現することができる本来の自分自身に戻るのです。一般的に人間性心理学でいうところの自己成長、自己実現の層です。

⑥ 本来の核（Authentic Self）

パールズは、人間が成長するために突破するとしたこれらの五層モデルに、その中心として「本来の核」を加えました。彼はこれを「オーセンティック・セルフ（Authentic Self）」と表現しましたが、「**真の自己**」と訳されることもあります。これは東洋哲学や禅などで言われる「真の自己」（なにものにもとらわれない本来の自分）と同じものと言ってもよいでしょう。

✹ 病理のメカニズム

では、これらの自己成長はなぜ妨げられてしまうのでしょうか。パールズは、人間は成長するために環境とのコンタクトが不可欠であるが、この「**コンタクト・バウンダリ（接触境界）」に支障が起きるために自己成長が妨げられ、病理が生ずる**のだと考え、その基本的なメカニズムを以下四つに分類しました。

①鵜《う》呑《の》み《イントロジェクション》（introjection）

「鵜呑み」とは、親の価値観や社会の価値観をそのまま鵜呑みにして取り入れてしまった状態のことです。子どもは親の価値観を受け入れることで大人になるわけですが、それらの価値観を**まったく無批判に取り入れてしまう**ことです。社会通念や文化も同じように無批判に取り入れてしまう傾向があります。

しかし、それは他者の価値観であるために自分の身についたものになりません。私たちは親から、「我慢しなさい」「人に迷惑をかけてはいけない」「自分の気持ちより家族や周囲の気持ちを大切にしなさい」としつけられて育ちます。しかしこれらは**自分の価値観でないために自分の中で葛藤が起こる**のです。

それらの無意識に呑み込んでしまった価値観は消化することができません。それらを吐き出すことで、もう一度本来の自分が感じていること、考えていることを取り戻すことができるようになります。

セッションの中では、「～すべきだ（鵜呑み）」と考えている「知性」の自分と「本音」の自分とを「空いすの技法」で対話させせます。あるいはグループの人たちの価値観と自分の価値観を比較してもらうことで、自分が無意識に取り入れた親や社会、文化の価値観に気づきます。具体的なアプローチの例として、第3部の勝ち犬《トップドック》と負け犬《アンダードック》のワークを参照ください。

② **投影《プロジェクション》**（projection）

「投影」とは、**自分が感じていることを他人に委ねてしまう**ことです。私が相手を怒っているのに自分の怒りを認める代わりに「あの人は私に怒りを持っている」と自分の怒りを投影してしまうのです。「私はこのように感じている」と責任をとる代わりに「みんなはこのように感じています」と自分の責任を負わないことを指します。

自分で感じていることを「私は〜を感じている」と表現することで、投影することを避けることができ、私が責任をとることが可能になります。

そのためセッションの中では、「アイ（I）メッセージを使って表現してください」と提案します。「あの人は〜」から「私は〜を感じています」と表現することで、投影が起こらなくなるので。

③ **反転行為《リトロフレクション》**（retroflexion）

パールズは、怒りを大切なエネルギーとしてとらえています。もし、自分の怒りを抑え込んでしまうと、自虐的な行為をするようになってしまうのです。怒りの感情は「自分を傷つけた生き物に対して自分を守るために相手を攻撃するエネルギー」なのです。したがって、**怒りを表現しないで自分の中に押し込めてしまうと、怒りのエネルギーは「自分を攻撃するエネルギー」となってしまいます**。

怒りは攻撃するエネルギーですから、閉じ込めてしまうと閉じ込めてしまった自分を攻撃してしまいます。自分は取るに足らない人間である、生きている価値がないと感じてしまうのです。あるいは怒りの感情が動かないように抑圧することにエネルギーを注ぐので、「自信がない」と感じたり、「憂鬱《ゆううつ》だ、疲れる、不安だ」と感じるようになるのです。あるいは自分の身体を傷つけたりするようにもなります。

セッションの中では、怒りのエネルギーを感じてみることから始まります。自分がどれくらい怒りを抱いているのかに気づいた時に、安全な方法でエネルギーを解放する表現を獲得することができます。怒りの対象者（空いすなど）に言葉や動作、表情で表現してもらうのです。

④ 無境界《コンフリエンス》（confluence）

生まれてきた赤ん坊は母親との間に境界線を持っていません。私とあなた（母親）の間が「融合」してしまっているのです。しかし、成長するプロセスの中で「私」という存在と「あなた（母親）」という存在に気づくようになります。そして二人の関係に境界線を引くことが成長であり、自立することなのです。基本的には、**自己と他者に境界線を持つ**という意味では「無境界」という言葉のほうが理解しやすいと思います。

ところが境界線を引くことがない関係が続くと、「私の感情」なのか「あなた（母親）の感情」なのかが分からなくなってしまうのです。私の望んでいることなのか、他者が望んでいるのかが分からない状態、つまり無境界になっている関係に「境界線」を引くようにするのです。「私は私」「あなたはあなた」であることができるようになるのです。この境界線を引くということはゲシュタルト療法の独自の視点の一つです。

セッションの中では、「私」と「あなた」の間に相互の境界線を引くように提案します。そして、「ゲシュタルトの祈り」の言葉（本書二頁を参照）を表現するのです。

以上がパールズがあげた四つの「コンタクト・バウンダリ（接触境界）」の障害です。さらに、モーガン・グッドランダー（Morgan Goodlander）によると、最近はもう一つの概念を加えた五つが主な流れになっているようです。

⑤ 話題転換《デフレクション》（deflection）

「話題転換」とは、「話題を転換すること」「問題をずらしてしまう」ことです。本人が核心に触れないようにするために「転換」するのです。都合の悪いことになると、私たちは話題を変えようと試みます。もしその話題に触れていると、自分の問題の核心に触れてしまうので、それを避けるために話題を転換しようとするのです。

しかし、話題を転換してしまうことで気づきのエネルギーも横にそれてしまうことは言うに及びません。その意味で、セッションの中では、「いま―ここ」の現時点でクライアントが「話題転換」したことを指摘し、たとえ都合が悪くても、多少、居心地が悪くても「そこにとどまる」ように指示します。そして十分に「感じてみる」ことを勧めるのです（「あなたはいま、話のポイントをずらしましたよね？」）。

ゲシュタルト療法では、これら五つのメカニズムが複雑に絡み合って境界識別の混乱が生じ、個人の自己調整の能力が疎外されると考えます。これらの障害を取り除くべく、第3部で取り上げるようなさまざまなワークを行い、気づきを通して本来の自分を取り戻し、自己成長を促すことを目指すのです。

✲ 気づきの三つの領域

ゲシュタルト療法では、気づき（アウェアネス）が基本的なアプローチとなってきます。パールズによれば、気づきは、内部領域の気づき、外部領域の気づき、中間領域の気づきという三つの領域に分けられます。

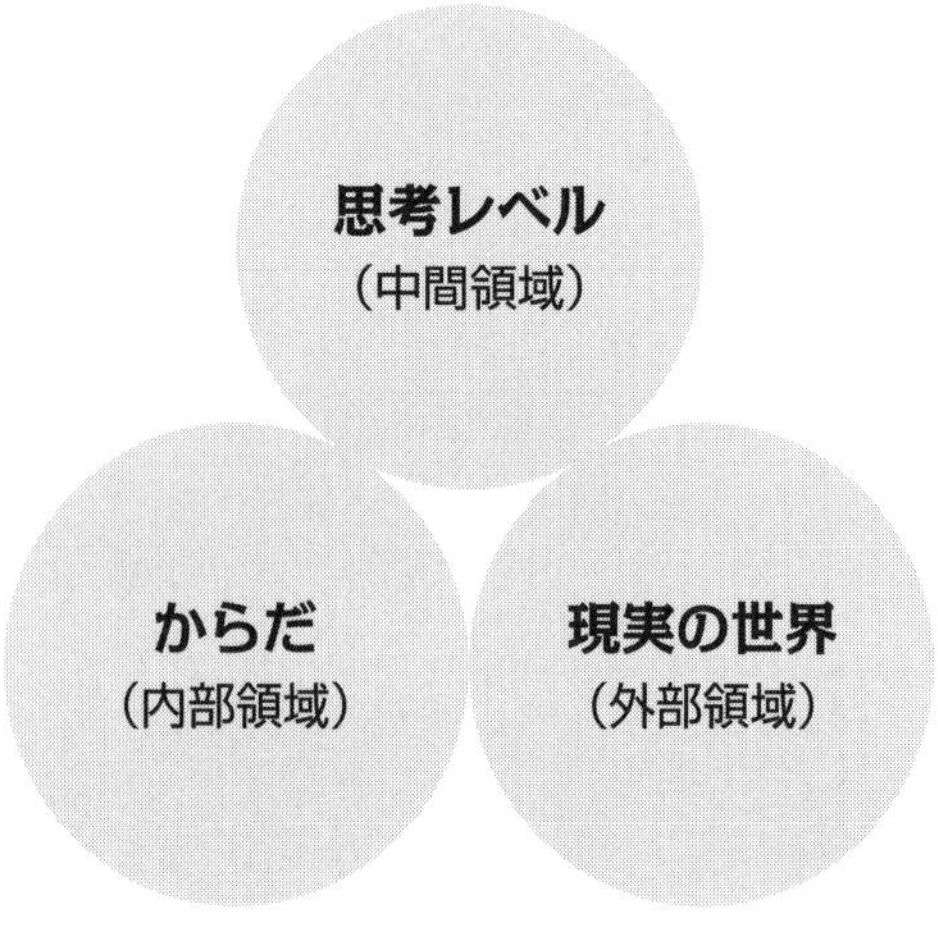

気づきの三つの領域

① からだの気づき

まず、内部領域の気づきとは、簡単に言えば**からだの気づき**ことです。私が「水を飲みたい」ことに気づくのは、からだにさまざまなサインが送られてくるからです。水分が欠乏すると「喉がガラガラする」「くちびるが渇く」などからだのサインに気づきます。怪《け》我《が》をした場合にはその場所が「痛む」ことに気づきます。筋肉が疲労すれば「膝が張る」「足の裏が突っ張る」「腰が痛む」などのからだの異変に気づくことができます。

また、呼吸などのように自然に起きていることにも気づくことができます。呼吸に意識を向けると、鼻で呼吸していることに気づきます。お腹も呼吸に合わせて動いていることに気づきます。血液の流れに注意を向けると、首筋や手首の血管の部分が脈打つことに気づきます。

内部領域の気づきのもう一つの特色は、心、気持ち、感情、気分と呼ばれている精神領域の気づきです。ゲシュタルト療法では、身体と精神を分けることはありません。心で感じたことは、身体から分離されることはないのです。うれしい、怒り、悲しみなどの感情も同じです。心で感じたことは身体に表われるからです。あなたがうれしいと心で感じた瞬間に笑顔として身体に表れます。悲しいときには悲しそうな姿勢をとります。寂しいときには寂しいという身体表現をするのです。

このような意味で「からだ（身体＝精神）」なのです。ちょうどコインの裏表の関係に似ています。お金として成り立つのはコインの表（身体）があるからではありません。またコインの裏（精神）だけでもお金になりません。表（身体）と裏（精神）があってこそコインとして成り立つのです。

内部領域の気づきは、からだ（身体＝精神）で起きていることすべてです。心理的なことに限らず、姿勢や動作、表情なども含まれます。私が自分であることに気づくことができるのは、このように内部領域のサインに気づくことができるからです。内部領域の気づきは、**常に〈感じる〉ことができる**のが特色です。

② 現実世界の気づき

外部領域の気づきは個体の外部の世界を表します。「私」という存在は、「環境」という外部世界の中で生きています。この「環境」は「私」にとって外部の世界です。私は皮膚によって外部領域の世界から身をまもります。皮膚という境界線が存在することで、「私」には私＝内部領域が存在します。

外部領域とは現実の世界のことです。すでに見てきましたように、すべての生き物は、動物であれ植物であれ**〈内部領域〉と〈外部領域〉の関係で生命を維持するシステム**（＝

ホメオスタシス）で成り立っています。

個人が生きていくためには、外部領域に働きかけることが必要です。「私」が必要なものに気づいたら、「私」は外部領域＝現実世界＝環境にコンタクトしなければ生存していけないのです。

水分の欠乏に気づくと「水を飲みたい」という欲求が生まれます。「私」は皮膚＝境界線の外にある現実の世界＝環境にコンタクトして「水を探し」求めます。そして水があることを発見して（気づき）水分を補給します。この外部領域の世界に気づくために、人間は視覚、聴覚、嗅覚、味覚、触覚の五感を使うわけです。

個体は内部領域の欲求（水分、栄養、酸素）を満たすために目で見る（視覚）、耳で聞く（聴覚）、鼻でかぐ（嗅覚）、舌で味わう（味覚）、皮膚で触れる（触覚）という五つの感覚機能を使って、外部領域＝現実の世界にコンタクトする必要があるのです。それ以外の方法や機能で補給することはできません。

同じように、精神的な欲求を満たすためにも、外部領域＝現実の世界にコンタクトしなければ欲求は満たされることがありません。人と会話するためには、視覚や聴覚が必要です。愛情を求めれば、視覚や聴覚だけでなく相手に触れる（触覚）、匂いをかぐ（嗅覚）、美味しいものを一緒に食べる（味覚）など、五つの感覚を総動員しなければ満足感を味わうことができません。

有機体である人間は、必要に応じて〈内部領域〉と〈外部領域〉の関係に気づきます。そして外部世界とコンタクト（オープン）したり、関係を閉じたり（クローズ）する生命システムなのです。

③ 思考の気づき

中間領域とは、思考プロセスのことです。人は進化の過程で、脳の機能を飛躍的に発達させてきました。脳の機能は考えたり、分析したり、原因を探したり、合理的な判断をすることに役立ちます。過去のことを思い出したり、未来のことを思い巡らすことができるのは脳の特色です。

その一方で、人は脳の機能に頼り過ぎるようにもなりました。思考する、分析する、過去を思い出す、将来について予測する、知識に頼るなどです。あたかも脳の機能が一番大切なことであるかのように勘違いをしてしまっています。

パールズが中間領域を内部領域から分けたのは、ここに問題があると考えたからです。知識とは外部の情報や価値観です。したがって**知識を増やすほど、自己を失ってしまう傾向があります**。人は小さいときから外部の情報をとり入れて成長します。

「女の子はそんなことしてはいけません」「おねえちゃんは我慢しなさい」「男は人前で泣くな」「男は感情をそんな簡単に表すな」「よい母親であれ」「仕事のできる奴が男だ」などなど、たくさんの価値観を鵜呑みにしてきました。「有名大学に入れば社会で成功できる」「大企業に入れば幸せになれる」など、切りがありません。

知識は基本的に外部から仕入れた他人の情報です。知識をいくら増やしても、それは他人の価値観でしかないのです。

現代人はあたかも脳を発達させたムカデのようです。ムカデは感じたままに自然の摂理に従って無数の足を動かしています。脳が発達したムカデはある時「美しいムカデになりたい」と思うようになりました。そして「どの足から動かせば美しく見えるのだろうか」と考えてしまったのです。そのとたん、今までの自然で優雅なリズム感を失い、歩けなくなってしまったのです。

パールズが指摘したもう一つの大事な視点は、「脳の機能は現実について想像することができる」ということです。そのために中間領域を「想像の領域」とも表現します。我々は想像することができるから、ここまで文明を発達させて進化したわけです。その一方で、「現代人の問題は、**現実にコンタクトしないで現実を想像すること**だ」と指摘したのです。

現実にコンタクトしている場合は、必要に応じて五感を瞬間的に使います。そして「何をすべきか答えはすべて瞬間に得られる」のです。迷うことはありません。しかし、現実について「想像している」と、現実に触れていないわけですから答えは得られません。現実にコンタクトしていないので実感が得られません。それを補うために現実をまた「想像する」ということをしてしまうのです。

パールズは、対人恐怖や視線恐怖の症状を取り上げてこれを説明しています。自分の目で他人を見ないでいると他人を見るときに「他人の目の機能」を使うようになります。

つまり、自分で相手の顔、目、表情を観察している人は現実とコンタクトしている（自分の目で見ている）ので、会話やコミュニケーションが進みます。しかし、相手を見ていない人は、相手が「いま—ここ」でどんな反応を示しているかを知ることができません。そのために**相手の人を「想像する」ようになる**のです。相手は「今、怒っているかもしれない」「今、もしかしたら気持ちを閉じているかもしれない」と想像するのです。そのために、相手は「今、私を見つめている」「今、私をにらんでいる」と想像します。自分が目を使って見る代わりに、「相手の目の機能を使って見る」ようになるのです。したがって、**他人の目が気になってくる**わけです。

気づきのスイッチを切り替える

三つの領域の気づきに意識が向くようになると、新しい自覚が生まれます。自分が「いま—ここ」の現時点で何をしているか、自分に何が起きているのかに気づくようになるのです。自己への洞察が深まってきます。

ゲシュタルト療法では、自分に自信がないと感じるのは、**必要なときに三つの領域に意識が移動することを止めることにエネルギーを注いでいるから**だととらえます。何か仕事やコミュニケーションの問題が起きた時、その問題に直面する（現実にコンタクトする）ことを避けて、「私が悪いから（思考レベルでの判断）」と解釈したり、「あの上司はいつも感情的になるから（現実とコンタクトすることを避ける）」という態度をとれば、問題解決の能力は落ちてしまいます。不安が大きくなることも、同じように必要なときに必要な意識が三つの領域に変化することを止めている結果です。

三つの気づきの領域は特別に意識したり、自覚しなくても自然に切り替わります。これは、進化の過程で人がそのように獲得してきた能力なのです。

あなたが考えごと（中間領域）をしながら歩いているとしましょう。車（外部領域）が走ってくれば、車の音（聴覚）に気づき、目線（視覚）を車に向け、立ち止まります（内部領域＝行為)。これは小さな子どもでも可能なことです。自然に反応するように生まれ持った能力なのです。そしてあなたは車が通り過ぎる（視覚）と安全だと感じ（内部領域)、再び歩き出します。

このように三つの領域は、意識が自然に切り替わるようにできています。いつでも必要なときに三つの領域に意識を切り替えられることが健康な状態ということです。

ところが**一つの領域に留まると、問題を解決する能力が低下してしまいます**。あなたが考えごと（中間領域）に夢中になり、車が来ている（外部領域）ことに気づかなければ（＝気づきが中間領域に留まっている)、クラクション（聴覚）を鳴らされてびっくりします（内部領域)。中間領域の気づきに留まりすぎて、現実にコンタクトする（外部領域に切り替える）能力が低下したわけです。しかし、現実にコンタクトしていないことに気づけば、〔「危なかったなぁ」〕と思いながら運転者に頭を下げることでしょう（現実にコンタクト)。あるいは、びっくりしたことで〔「びっくりさせやがって」〕と怒りを車に向ける（＝外部領域にコンタクトする代わりに内部領域の感情に留まる）かもしれません。

3 ゲシュタルト療法の特色

①「いま─ここ」中心のセラピー

ゲシュタルト療法は「いま─ここ」中心のセラピーと呼ばれています。心理療法やカウンセリングなどでクライアントと向かい合うために「いま─ここ」が大切であると最初に提案したのはパールズです。パールズは、クライアントを知るために過去の発育歴を調べたり、心理分析する立場に反対しました。**クライアントの過去に焦点を当てる必要はない**ということを強調したのです。

その意味は、クライアントが私（カウンセラー、治療者）の前に「いま─ここ」にいるからです。クライアントが自分の問題について話している時の仕草、態度、表情、声のトーン、動作、治療者とのコミュニケーションの取り方、これらはすべて「いま─ここ」で起きていることです。**現時点で起きていることに注意を払い、観察すればクライアントのすべての問題が表れている**からです。

「いま―ここ」に関わるためには、治療者はクライアントの問題を良いことと悪いことと判**断しない**ことです。問題の理由はどこにあるのか、原因はどのようなことなのか、**分析しないこと**です。クライアントの問題を解釈しようとすることはあまり価値がないことです。それらを**意味づける必要もない**のです。どんなときも、**評価しない**ことが大事なのです。

また過去に原因を求めて理由を探すことは「思考領域」の世界に入ってしまうことになります。目の前にいるクライアントの存在を無視して、セラピストが信じている世界観を投影してしまう危険性があります。自分の理論的な思考の世界（立場）からみることにもなります。そのような立場に立つのではなく、クライアントとセラピストが「いま―ここ」で互いにコミュニケーションをとるために、セラピストは相手の顔の表情、目の動き、皮膚のつや、会話しているときの仕草、姿勢、声のトーンなどに注目します。

ゲシュタルト療法が目指しているのは、**クライアント自身が自分を《経験する》のをサポートすること**です。その意味でパールズは「言葉や解釈のセラピーではなく、経験的なセラピーである」と述べています。クライアントが自分の過去の記憶にある問題やトラウマをただ過去の出来事として話すだけでは無駄であると指摘し、それらを**「いま―ここ」**

で再体験するように勧めるのです。パールズはこう述べています。

気づくということは知的で意識的なことではない。言葉や記憶による〈～であった〉という状態から、〈まさに今しつつある〉経験へのシフトである。

このようにゲシュタルト療法は、クライアントが過去の体験の犠牲者であるという立場を「いま―ここ」でもう一度、安全な環境で再体験することを勧めます。そしてそれは**すでに過ぎ去った過去のことだと理解させる**のです。

② 感情の再評価

パールズがゲシュタルト療法を新しい時代の心理療法にした功績の一つに、感情の再評価があげられます。パールズは、**感情はすべての行動を活性化する力**ととらえています。感情はエネルギーの興奮を表現しているわけです。感情は多様な側面を持っており、環境に対応するために、怒りや恐怖、喜びや悲しみという精神的なものとして表現されます。同時に感情は、身体的な表現でもあるのです。感情の身体的な側面は、**筋肉の緊張**として現れます。もし筋肉的な表現が妨げられると、緊張は身体に慢性的に留まってしまいます。そのために不安が高まってしまうのです。あるいは緊張や興奮を筋肉の中に閉じ込めることにエネルギーを注ぐようになります。

ゲシュタルト療法は、感情を決して精神的な側面だけでは取り扱いません。人間を**身体と精神の統合された一つの有機体**としてとらえるからです。これをパールズは「ホメオスタシス」という生命システムの概念で説明しました。

たとえば、怒りは攻撃のエネルギーです。自分を傷つけようとした生き物に対して攻撃するエネルギーです。これは怒りの表情や動作で表されます。あるいは楽しいときや嬉しいときは笑いという身体表現をします。悲しみは涙を流すことで癒されていきます。

このように、感情はホメオスタシスの原理によって機能しているのです。感情も身体表現をすることで、その機能がはじめて働きます。

感情は「いま—ここ」で自分が本当に感じていることを教えてくれます。一つの感情が「図」となって浮かび上がり、その感情を表現することで役割を終えて「地」になっていきます。そして次の心理的欲求が「図」に上ってくることで、「私は、いま、こんなことを感じている」と気づくことが可能になるのです。

③　身体中心型の心理療法

ゲシュタルト療法の特色は、身体を精神と同等な地位に位置づけたことでしょう。それは人体を〈肉体と精神〉を抱え込んだトータルな「からだ（全体性＝ゲシュタルト）」として扱う態度に現れています。それまでの心理療法やセラピストは、クライアントの言葉、声、行為、症状、表情、態度を、分析・解釈するための道具として眺めていました。

パールズの身体観に最初に影響を与えたのはウィルヘルム・ライヒです。ライヒは患者が自分を守るために筋肉を収縮させて「筋肉の鎧」を身に着けていることに注目した身体中心型心理療法の先覚者でした。そのライヒに精神分析を四年間受けた彼は、十分にからだの意味を理解したことでしょう。

パールズは、「身体はわれわれの現状を直接的に表している」と指摘しています。からだが表現していること、クライアントの姿勢、呼吸、顔の表情、肌の血行、動作、身振りなど、ありとあらゆることが、クライアント自身が「いま—ここ」の時点で自分を表現していることなのです。

からだに意識を向けることで、クライアントは自分自身について非常に多くのことを学ぶことができます。特にセラピーの中で、クライアントの身体的体験は特別な意味を持っています。たとえばパニックになっていると訴えるクライアントに、そのパニックになった場面を再現してもらいます。そしてその時の身体に注目するようにしてもらうのです。

「いま、どんなことが起きていますか」
「いま、呼吸は楽ですか」
「いま、緊張をどこで感じられますか」

このように身体的な経験を意識して再体験してもらうことで、クライアントは自分自身に何が起きているかに気づくようになります。多くのクライアントはパニックになった結果の身体的な体験（呼吸が止まり息苦しい、頭が真っ白になった、筋肉が緊張している、不安が襲ってきた……など）に驚き、不安を増加させてしまいます。

からだに意識を向けるようになると、緊張がどのような場面で起こるのか、いつ筋肉を緊張させるのか、呼吸を止めることと緊張の関係はどうか、などに気づくようになります。そのことで、パニックになるずっと前から特定の筋肉を硬くしていたり、呼吸を浅くしていたことなどに気づけるようになるのです。

さて、もう一つの身体的なアプローチの特色は、身体《しんたい》の接触です。ゲシュタルト療法のセラピスト（普通はファシリテーターと呼ぶ）は、必要であればクライアントの身体に積極的にコンタクトします。その理由は明白です。からだについておしゃべりするのではなく、**からだ（セラピスト）がからだ（クライアント）とともに対話する**ことができるからです。

悲しみにくれているからだ（クライアント）に言葉で共感するよりも、からだ（セラピスト）がそっと相手の背中に手を当てることの方が自然で、より深い共感を体験することが可能になるからです。母親が我が子の身体を無言でさすり、抱きしめ、慰めることは、泣いている理由を聞くよりも共感的であることは誰もが知っています。

「あなたの身体《からだ》に触れてもよいですか」

とゲシュタルト療法のセラピストはアプローチします。そして「十分に涙を流してください」と勧めるのです。そしてからだが表現していることを十分に受け止めます。**からだに語らせる**。これもゲシュタルト療法の特色です。からだの症状は一時的であれ慢性的であれ、それはからだが語っているのです。何を語るのでしょうか。もちろん本人が、からだと対話するように勧めるのです。

④「なぜ」から「どのように」へ

パールズは最初に精神分析を学びました。そしてゲシュタルト療法を創設したのですが、精神分析と決別する基本的な立場の相違は、クライアントの問題を「過去に原因を求めない」としたことです。クライアントの生い立ちを分析する必要はありません。過去に原因を探し、分析することはしません。パールズは言います。

我々の問題は過去にはないのです。過去に問題があるという視点に立てば、クライアントがなぜ（Why）そのようなことをしているのか、過去を分析する必要が出てきます。そのようにする代わりに、「いま—ここ」（Here & Now）の現時点でクライアントがどのような方法（How）で過去の未解決な問題を表現しているかに気づく必要があります。クライアントの過去に問題があるのではなく、**過去の未解決な問題を「いま—ここ」の現時点でも繰り返し表現していることが問題**なのです。……

もし本当に過去に問題があるならば、それは過去形になっているわけですから、今の大人になったクライアントにとって問題ではないはずです。問題なのは、過去の未解決な問題が今も解決せずに浮上していることなのです。そのためにクライアントは「いま—ここ」で自由に自分を表現することが困難になってしまうのです。自分を不自由にさせている未解決な問題を繰り返し起こしていることに、気づきの焦点をあてるのです。

ゲシュタルト療法では、クライアントがなぜそのようになったのかという理由は探しません。理由や原因を理解したとしても、クライアントの問題を知的に理解し、解説する思考領域の彼方に留まってしまうからです。自分の問題を知的な領域に押しやることで、クライアントは問題の責任を取るのがさらに困難になっていきます。

そこで、クライアントが「いま—ここ」でしている行為、姿勢、呼吸、言葉に注目するのです。それは**なぜ（Why）というアプローチからどのように（How）というアプローチへシフトさせる**ことでもあります。この領域は、行動療法の「行動と事実を明白にする」という視点と似ているといえます。

⑤ 自分の選択に責任を持たせる

「からだはそれ自体で実存的なのだ」とパールズは表現しました。人生は孤独であり、死の恐怖にも直面するからです。

一般に、私たちには神から与えられた約束の地があるわけではありません。私たちは神のように微笑むだけの存在ではありません。我々は孤独を感じ、からだを震えさせます。寂しさを感じとり、肩をすぼめ、身を縮みこませます。悲しみに打ちひしがれ、瞼《まぶた》から涙を流します。飢えを感じて、他の生命のいのちを奪ったりもします。

実存主義の哲学は「**実存は本質に先立つ**」という定義をします。私たちの人生には、神からもともと与えられたすばらしい本質よりも前に、孤独と死の現実があるからです。もしこのことを見つめないで、どこかに人間のすばらしい「本質」があるとするならば、いつも現実から逃避することになってしまいます。

そして現実に気づき、それに直面したときに、私たちは生きるための行動を選びます。私の選択が生まれるのです。もし気づきがなければ、人生は選択の余地のない現実が押し寄せてくるだけのものになってしまいます。

私は、自分が孤独であることに気づき、私が死の恐怖に怯えていることに気づき、私のからだが震えていることを受け入れたときに、だからこそ「私はどのように生きていきたいのか」という選択をすることができる存在に生まれ変わっていきます。**自分で選択したときに、それが自由の本質であることに気づく**のです。自由とは、選択する自由を私が持っているということなのです。

私が選択したわけですから、自分の選択に責任をとるのは当然というのが実存主義の立場です。クライアントが「私は人間関係のトラブルに悩んでいます」「私は上司の無責任な態度に振り回されてこまっています」「私は親の被害者です」と訴えたときに、ゲシュタルト療法のセラピストが「あなたはどのようにして人間関係のトラブルを選んでいますか」「あなたは無責任な上司と関わることで何を得ることができるのですか」「あなたは親の犠牲になったという立場をいつまで持ち続けたいのですか」と問いかけるのは、**すべてのことに自分で責任を取ってみる**ことを勧めているからなのです。

4

まとめ――療法の具体例から

私は今年（二〇〇九）、オーストラリアのゲシュタルト療法学会に招待されました。学会の後、ゲシュタルト療法のトレーニングを受けているグループと二日間のセッションをすることになりました。アメリカやオーストラリアでは、トレーニングは四年間コースが多いようですが、四〇〇〇時間のセッションをする施設・研究所もあります。

私が指導したのはトレーニング三年目のグループで一〇人～一五人くらいでした。オーストラリアでは、認定された研究所であれば大学の単位としても認められるシステムになっているため、カウンセラーが半数以上を占めています。もちろんゲシュタルト療法のセラピストを目指している人もいます。どちらにしても自分のキャリアアップという感覚ですす。ここでは、具体例を通じて、ゲシュタルト療法のさまざまな特徴を振り返ってみたいと思います。国が異なっても、私たちは同じような問題に悩み、同じように気づき、問題を解決していくことができる例として取りあげました。

実存主義

自分に責任をとるという立場から、気づきのワークをしたいと決めた本人（クライアント）が、ワークと呼ばれるセッションをします。

セラピストが「あなたは問題があるからワークを受けるように」と促したり、「受けなさい」と強制したりすることはありません。本人がワークの過程でセラピストの提案を断っても、セッションを中断してもよいのです。いつでも**セッションの中心はクライアント**です。もちろん、セラピストは問題の分析や診断はしません。もしそうすれば、クライアントが真の問題をセラピストに預けてしまう危険性もあるからです。

セッションの二日目に、ある若い女性がワークをしました。彼女はドイツで生まれ、ドイツで育ちました。数年前にオーストラリアを旅行で訪れて、そのまま住み着いたのです。

グループは、イギリスから移住して来た男性、ニュージランドから来た男性、女性など半数が移住組です。日本のような島国では想像できないくらいに世界が近いようです。彼女もその移住組の一人でした。

テーマを決める

まず、自分が扱いたいテーマを決めます。

「いま—ここ」現時点で起きていること

本人（クライアント）が、「いま—ここ」でしている姿勢・動作・表情に注意を向けます。

動作を増幅させる

「いま—ここ」で「図」に上ってきている気づきを意識的に増幅させるように提案します。クライアントの動作、姿勢、呼吸など内的領域の気づきを深めるように問いかけるのです。セラピストは「その動作に意識を向けてくだ

彼女は「私はちょっとした癖《くせ》があります。その癖を止めたいのです」と希望しました。

「私はいつも頰《ほお》の内側を軽くかむ癖がありま す。ほんの少し皮膚を歯ではさむようにかむのです。思えばこの癖は、長い間続いていて今も直りません。今も軽く頰の内側の皮膚をかんでいます」。

彼女の場合には「口の内側を軽くかむ動作を数回繰り返してください」と提案します。クライアントは、言われたように歯で口の内側を軽くかむ動作を意識的に数回繰り返します。

さい」と自分に意識を向けるように勧めます。

「いま―ここ」で起きていることに気づく

それがどのような意味を持っているのかを評価したり、過去の原因を分析したりはしません。「いま―ここ」で起きてきた気づきに意識を向けてもらいます。

未解決な場面

このように「いま―ここ」現時点の気づきに注意を向け続けると、しばしば幼い頃の「未解決な問題」を思い出したり、「ふっとイメージが湧いてくる体験」をしたりします。

「頭が締め付けられる感じです」と彼女に新しい気づきが起きてきました。さらに「顎《あご》にも力が入っている」ことに気づきました。

自分のしている癖に注意深く意識を向けていると〈未解決な事柄〉が浮かんできたことに気づいたようです。彼女はすぐに、その癖は幼稚園に入る前から続いていたことに気づきました。

《経験する》

そのような時「図」になって思い出された記憶や体験をしばらく《経験する》ようにします。

「地」から「図」

「地」と「図」が新たな焦点を浮上させて入れ替わった瞬間です。この瞬間にアハ体験（気づき）が生まれます。

未解決な問題

このように「未解決な問題」はセッションのような安全な空間と人間関係の中ではイメージとなって思い出されることが多いようです。身体感覚が甦ることも頻繁にあります。

幼稚園に入る前からの感覚に意識を向けていると、自然に身体が表現していることの本当の意味が浮かび上がってきました。

最初は「癖」が図でしたが、からだの表現に意識を向けていくと、気づいていなかった「幼稚園のころのこと」が「地」から「図」になって上ってきたのです。

彼女は、その頃のことを思い出しています。すると彼女は、「その癖は父親がいつも母親に怒鳴っているときに始まったことだ」と気づきました。

未解決な出来事をさらに十分に《経験する》ことを勧めるのがゲシュタルト療法の特色です。

どのように

クライアントが未解決な問題でどのようにその表現を止めているのかに気づいてもらいます。

人は安全で安心な空間と人間関係の場があると、今まで未解決にしてきた問題に気づきが生まれ、一つが表現されるとその奥にある気づきが生まれてくるので、玉ねぎの皮をむくように問題が解決していきます。パールズはこれを**「玉ねぎの皮むき」**と呼びました。

幼心にも彼女は不安だったのでしょう。父親に向かって母親を怒鳴りつけることを何とか止めてもらいたかったのですが、どんな言葉をかけたらいいのか分かりません。彼女は母親と同じように、何か言おうとしても父親が怖くて言えません。その時に頬の内側をかむことで言葉を押さえていたようです。

未解決な表現

セラピストは彼女にその状況を再現してもらいます。「いま―ここ」の現時点で、幼稚園の彼女がその時父親に向かって言いたかったことを表現してもらうのです。

それは、過去に未解決であった問題が「いま―ここ」の現時点でも生き続けているからです。

エンプティチェア技法

このような場面ではエンプティチェア技法を用います。クライアントは自分の前に座布団（椅子）を置き、そこに父親を座らせます。その座布団に座っている父親と対話をします。

「子どものときに父親に言いたかった言葉（未解決な表現）を言葉と身体の両方で表現してください」と、言葉（思考領域）と身体動作（内部領域）を含めて父親（外部領域）に表現するように勧めました。

彼女の場合、母親を怒鳴りつけている父親に向かって対話させるのにエンプティチェア技法を用います。彼女の口から出た言葉は「喧嘩しないで」「お父さん止めて」という言葉でした。

身体中心型アプローチ

セッションの場で、彼女は安全で安心な空間を確保できました。「いま—ここ」で、身体と言葉で、未解決な感情を表現することができたのです。その時、彼女の身体に生じた現象を観察します。

その言葉を表現してもらった時、彼女の呼吸が荒くなりました。父親への怒りがわいてきたのです。当時怒りを表すことは彼女にとってとても危険なことでした。怒り狂っている一人の大人の男に対抗するには幼すぎたのです。自分が怒鳴られるかもしれない怖さから、怒りを自分の筋肉の中に閉じ込めてしまったのです。顎と頭の筋肉を自分で締め付けて、自分を守るために気持ちや感情を感じないようにさせたのです。

「どのように」

身体を使って言葉を同時に表現するアプローチはゲシュタルト療法の特色です。言葉を表現しただけでは完結しません。怒りの感情に気づいただけでは解決しません。気づきと

彼女は頬の内側をかみ「感情を止めて」いたのです。自分がどのような方法で筋肉を緊張させて「何もなかったかのように」振舞っていたのかに気づきました。そして、

は「過去の未解決な問題」に気づくこと（思考領域）ではありません。どのように気づくことを止めていたのかにも気づくことが大切なのです。

表現を選択

このプロセスをサポートするのがセラピストです。怒りを表現するだけではボディワークに留まります。感情を爆発させるだけではカタルシスで終わります。自分の意志で選択することを支え続けることがセッションの目的なのです。

大人になった彼女は、それを解きほぐすのを自分の意志で選択できること（実存主義）に気づいたのです。

そのプロセスを経て彼女は「大きな怒りを父に向かって爆発させたい」と思っていたことに気づきました。そして、その瞬間「止めて！　お母さんを怒鳴らないで！」と、生まれて初めて父親に怒りをぶつけました。身長が高くスリムな彼女の怒りの言葉は優しく、ガラスが壊れそうな声でした。それでも一生懸命に表現している姿にグループのみんなも目を赤くして見守っていました。

現象学（身体＝精神）

精神の本質は「いま―ここ」の身体に現れています。ポーラ・バトム女史は現象学的なアプローチを説明するとき「私の精神世界は、今、私のしている身振り、動作、姿勢、顔の表情、目の動きとして一瞬一瞬表れていますす」と述べています。

このように、心は常に「いま―ここ」としてある身体世界の現象として現れ続けるのです。

セッションのはじめに、彼女は頭と顎の筋肉を硬くして〈怒り〉を抑えていましたが、ワークでそれを表現したことで、未解決な怒りの感情は消えていき、落ち着きを取り戻したように思われます。彼女の呼吸はゆっくりとなり、伏せていた顔を上げて窓の外の緑を見つめ、グループのみんなを見回しました。

しばらくして、突然、色白の彼女の顔が赤くなりました。まず胸の辺りから〈赤い色〉が広がって上に移動し、顔と首がピンク色になるのが見えました。そして首から顔、頭、耳が真っ赤になりました。

感情の玉ねぎ

感情の表出のプロセスは身体世界の変化として現れます。ワークを通じて、一つの「筋肉の鎧」を解いたことで、その奥にあった**もっと深い感情**が表出してきます。

グラウンディング

グラウンディングとは「地に足をつける」という意味です。セッションを終えるために「いま―ここ」で起きたプロセスをゆっくりと現実の生活に戻す表現を行います。

「その赤い皮膚の色は何と言っていますか」と尋ねると、「私は悲しい」と答えて嗚咽《おえつ》し、涙をポツリと流しました。彼女の胸の奥深くにしまいこんでいた核心の感情は〈悲しみ〉だったのです。

セラピストは「その悲しみを父親に伝えてください」と促しました。「私は悲しいわ」と静かに彼女は涙を流しました。両親が喧嘩している場面ではさまざまな葛藤を小さな子どもたちに与えます。そして、いろいろな感情を心の奥に閉じ込めてしまうのです。

コメント

グラウンディングのために、ゲシュタルト療法ではワークの感想をグループ全体で述べる時間をとります。グループの人たちは「私も両親が争いあっていたので同じ気持ちでした」「私は母親の気持ちが分かります」「私は父に怒りをぶつけてきました」と感想を述べました。

「そして私が一三歳になったときに両親は離婚しました。二度目の妻にも父親は怒鳴り続けていました。私がオーストラリアを選んだのはそのような父から離れたかったからです」。このようにポツリと話した後に、もう一度、いつもの癖の頬の内側を軽くかむことをするように言われた彼女は、にっこり微笑みながら「それは難しいわ」とグループのみんなに答えました。

第3部

さまざまなワーク

人は生きるために、ひきこもりと接触《コンタクト》を繰り返す。
――フリッツ・パールズ

1 空いすの技法《エンプティチェア・テクニック》——相手の立場に立つ

✺ さまざまなアプローチ

親子関係の葛藤やコミュニケーションのテーマなどで悩んでいる人たちに対して、ゲシュタルト療法ではアドバイスをしないことを原則とします。その代わりに、本人の中で何が起きているのかに意識を向けてもらうのです。このようなセッションを「ワーク」と呼んでいます。

① エンプティチェア・テクニック（空いすの技法）

「エンプティチェア・テクニック」は、日本では、「空いすの技法」「エンプティチェア技法」と呼ばれ、ゲシュタルト療法の代表的なアプローチの一つです。これは、パールズが大勢の人の前でゲシュタルト療法を実演して理解してもらうために開発したテクニックで、クライアントが、対話をしたい人物を架空の椅子《いす》（あるいは座布団など）に座らせて話しかけるという手法です。

ここでは、葛藤のある人物を座らせて、あたかもその人物と対決しているように自分の気持ちを表現したりします。そして相手の椅子に座り、その人物になりきって自分自身に向かって話しかけるのですが、しばしば思いもかけない気づきが生まれます。

このアプローチでは、自分の悩んでいる腰痛、頭痛、不安、不眠症などの症状を空の椅子に座らせて、「私はお前の腰痛に困っているのだ」と言うように話しかけることも可能です。そして今度は腰痛の椅子に座って、「そんなこと言ったって俺は出て行かないぞ」などと、椅子に座った瞬間に言葉が出てきたとおりに表現するのです。

このように**自己の内面の葛藤、矛盾、人間関係、症状などと対話を進める中で、突然、新たな気づきが生まれます**。

この「空いすの技法」は、今ではほとんどの心理療法やセミナーなどに、ロールプレイ、役割法、体験実習のレッスンの一部として取り入れられています。しかし、ゲシュタルト療法と他のアレンジされたテクニックとの違いは理解してほしいものです。

ロールプレイや役割法、体験実習はそれを行う目的が明確にあります。医者と患者のロールプレイは、医療研修の場でよく行われます。この場合は医者（医療従事者）が患者さんの気持ちを理解するために「患者さんの椅子《いす》」に座ります。企業研修の場では、顧客や部下の立場を理解するために「相手の椅子」に座ります。このように理想的な人間関係を理解するために、**相手の立場になって体験するのがロールプレイ**です。体験的に役割を理解する、人間関係の立場を実感することが目的になります。いってみれば、ロールプレイでは架空の顧客、想像上の患者を「空いす」に座らせます。または理想的な対応の仕方や接客態度をマスターするためにモデルを見て学習するのに役立ちます。

一方、ゲシュタルト療法でのエンプティチェアは「実在している人」を空の椅子に座らせて対話をします。自分が直接関わっている人間関係に何が起きているのか。自分と相手の間に何が起きているのか。自分はどんな関わり方をしているのか。自分自身に気づくために「空の椅子」に座ります。私は「私を知りたい」、私は「自分に気づきたい」、私は葛藤している問題を「解決したい」、このような時に「空の椅子」に座るのです。

したがって、**想像上の人間関係ではない**のです。私が関わっている実際の人物、私と葛藤関係にある人物、私の中にある否定的な自分と向き合うのです。もちろん亡くなった友人、親との対話も可能です。あなたと直接関わりを持った人ならよいのです。

稲村健治さんは公認会計士です。自分の事務所で働いている年配の女性が気になって仕方ありません。彼が言うには「彼女は仕事のペースが独りよがり」で、しかも「彼女の都合で早退する」ので「腹が立つ」のです。このように表現した後に彼は「だから顔を見ないようにしている」とつぶやきました。

そこで彼女を「空の椅子」に座らせて対話するように勧めました。彼女を「空の椅子」に座らせて、ふだんは言えないこと、我慢していることを率直に伝えるように言いました。彼は椅子に座っている女性に今まで我慢して言えなかったことを言いました。そして、今度は彼女の椅子に座って本人に応えるのです。何回か椅子に座り、自分の椅子に戻ることを繰り返していた時です。思わず感情的になって叫んでしまいました。

「お前は勝手なことばかりしやがって！」

怒りを爆発させたのです。彼は穏健な人なので、セッションの中でそのような感情をむき出しにしたことはありませんでした。しかし、感情的な表現をしたときに面白いことが起きたのです。彼女の椅子に座って彼女になると、このように言いました。

「勝手にできるから、こんな小さな事務所で働いているのよ」

「この言葉を自分で口から発した時に、アハ体験が起きたのです」と彼は言いました。それは自分自身の言葉だったのです。

彼は、小さな事務所でこつこつと自分勝手にマイペースで働こうと一〇年前に独立しました。それで満足していたつもりです。しかし、心のどこかで自分の会社を大きくしたい、もっと発展させたいとも思っていたのです。同時に、やはり気ままにできる今の会社の規模にも捨てがたい気持ちがあり、自分の中で二つのことが「対立」していたことに気づきました。目の前に座るオバサンは、自分自身の葛藤の鏡だったのです。彼の「マイペース願望」と、もっと会社を発展させたいという「意欲」の葛藤を拡大させてくれていたのです。

ゲシュタルト療法のアプローチは**私たちが自分自身を分裂させたり、人と対立したり、切り離してしまったものを全体として統合する方法**でもあります。いつもエンプティチェアのことを説明しようとする時には、私はポーラ・バトム女史の言葉を思い出します。

言葉を加えるやいなや、私達は「両極性」を創造しがちです。たとえば「両極性」へのゲシュタルト療法のアプローチは両極の間に「対話」を生じさせることです。

良い—悪い　文明—野生　戦争—平和
正義—不正　愛—憎　利益—損失

ほとんどの人は両極の一方を認め、他の一方を否定するので、その一部分である全体から離れて生活を送っています。

否定した自己のもう一方の役割を演じるために「空の椅子」を用いることで、ゲシュタルト療法の「対話」は、言葉で私達が創造する精神を「統合」させ、私達自身を再び「全体」にする方法を提案します。

（ポーラ・バトム）


エンプティチェア技法に関しての理論、アプローチを詳しく学びたい方は、拙著『エンプティチェア・テクニック入門』（川島書店、二〇〇四）を参考にしてください。

②　シャトル技法

シャトル技法はあまり知られていませんが、とても有効なアプローチです。今後、このテクニックはさまざまな心理療法の分野で注目されてくるように思います。

「シャトル」とは、空港と駅を往復するシャトルバスのように、特定の位置を往復することです。つまり、シャトル技法とは、意識を特定のことから特定のことへ往復させる方法であり、**クライアントの過去の問題と「いま―ここ」の現時点の意識を往復させるテクニック**なのです。クライアントが過去のつらい問題に触れたときに、そこに必要以上にとどまらずに、セラピストが「いま―ここ」の現実の世界にコンタクトするように提案します。そのことでクライアントに「過去の体験」と「今の自分」とを識別する能力が出てくるわけです。

あるいはパニックになっているクライアントに呼吸と筋肉の緊張とパニックを意図的に往復するようにさせることで、内的な気づきが生まれます。**身体感覚を取り戻す**ことが可能になってくるのです

③ サイコドラマ（心理劇）／モノセラピー

パールズは、心理療法におけるロールプレイの重要性を主張し、その考えを発展させた精神科医J・L・モレノ（Jacob Levy Moreno, 1889–1974）のサイコドラマ（心理劇）を取り入れます。**葛藤の実演を自発的、即興的にテーマとして取り入れる**のです。パールズは自著の中で、「心理劇は画期的な技法の一つである」と述べています。すべての心理療法に

はクライアントがわれわれのやり方に合わせてくるという問題点がありますが、サイコドラマのようにクライアントが自身の葛藤を自分で演ずるようにすれば、セラピストに合わせることはできなくなるので、それを評価したのです。

心理劇は、シャトル技法の具体的なアプローチでもあり、パールズは「この心理劇を一人で演じるように求めることもできる。……一人で演じるという意味でモノセラピーと名付けている」と述べています。クライアントが口うるさい母親との葛藤を「空の椅子」に座らせて対話する方法などです。そして母親の椅子に座って本人に答えることで徐々に統合が起きてくるのです。モノセラピーはエンプティチェア技法であり、椅子を往復するという意味ではシャトル技法でもあり、サイコドラマでもあるのです。

❋実践…気づきのレッスン

さて、ここで、第2部で説明した気づきの三つの領域に意識を向ける「気づきのレッスン」をご紹介しましょう。

気づきのレッスンは、ゲシュタルト療法の基本概念を学ぶための体験学習として、セッションやセミナーが始まる前に行います。簡単なことなので、日常生活に取り入れている参加者も多いようです。

レッスンは二人で一組のペアになります。役割は、一人がファシリテーターをする人（Aさん）で、一人がワークをする人（Bさん）です。

ファシリテーターは相手に気づきを問いかけます。ワークする人は、自分の〈内部領域〉〈外部領域〉〈中間領域〉の気づきを言葉で表現していきます。

① 内部領域の気づきのレッスン

ファシリテーターは下記のように相手に伝えてください。

からだに意識を向けてください。自分のからだで気づいたことを表現してください。もし呼吸に意識を向けて鼻で呼吸していることに気づいたら「鼻で呼吸していることに気づいています」と表現してみてください。肩がこっていることに気づいたら「肩がこっていることに気づいています」と表現してください。

ゲシュタルトでは、肉体と精神を分けません。一つのことが違う側面として現れているだけです。もし、心が緊張していることに気づいたら「緊張していることに気づいています」「不安に気づいています」と表現してください。

♧ **Aさん**
「今、どんなことに気づいていますか」

♣ **Bさん**
・「〜に気づいています」
・「〜に気づいています」
・「〜に気づいています」

② 外部領域の気づきのレッスン

外部領域の気づきは、自分の身体の**外側の世界に意識を向ける**ことです。現実の世界はただ在り続けるだけです。もしあなたが外の世界に興味をいだき、コンタクトする場合には、視覚、聴覚、嗅覚、味覚、触覚の五つの感覚を用いて現実にコンタクトします。あなたは目の機能（視覚）を使って、物、人、風景などに気づきます。耳の機能（聴覚）を使って音に気づきます。鼻の機能（嗅覚）を使って匂いに気づきます。食べ物をとり入れる場合は舌で味わって（味覚）気づきます。手や皮膚で触れて（触覚）気づきます。外部の世界にコンタクトするには、この五感の一つを一瞬一瞬使うのです。

♧ **Aさん**

「今、どんなことに気づいていますか」

♣ **Bさん**

・「〜に気づいています」
・「〜に気づいています」
・「〜に気づいています」

③ 中間領域の気づきのレッスン

中間領域の気づきは、**思考の気づき**です。脳の機能は分析したり、物事を判断したり、理性的に考えたり、合理的に思考することです。あなたの頭の中ではいつも「あれこれについて」考えています。脳の機能の特色は「過去について」考えること、「未来について」考えることができることです。

♧ **Aさん**

「あなたが考えていることに気づいたら、『〜について考えていることに気づいています』と表現してください」

♣ **Bさん**

・「～について考えていることに気づいています」
・「～について考えていることに気づいています」
・「～について考えていることに気づいています」

2

勝《トップドック》ち犬と負《アンダードック》け犬のワーク――知性と本音の対決

人は不思議な生き物です。人間は自分の行っている行為や行動に気づくことができます。時には自分自身に「そんなことしていいの?」とか、「あぁっ、またやっちまったよ」などと自分を責めることができる動物です。不思議でしょ?

もし犬が散歩しながら「おいおい、お前はいつも電信柱にショウベンかけているな。公共の場でそんな行為していいのかよ」と自分の行為に気づき、批判したり、見下したり、反省したりしたら大変ですよね。あるいは、その犬は「だってさあ、しょうがないだろう。俺は犬なんだからさぁ。電信柱を見ると片足をあげたくなっちまうんだよ」と自分の行為を正当化したり、弁護したりすることはありません。

動物や植物など生き物は絶対に自らの行動を否定しません。ライオンが捕まえた鹿を食べながら「俺は弱い鹿やシマウマをいつも殺して悪いなぁ。肉食やめてベジタリアンになろうかな」などと決して反省しません。もぐらも、土の中で穴を掘りながら「ミミズを食っている私の人生って何かしら」などと嘆いたりしません。ライオンも生きた動物を追いかけ、捕まえ、喰らっている瞬間はきっと生きている喜びで興奮していることでしょう。もぐらもミミズを口にくわえた瞬間によだれが出るほど旨いと感じているはずです。

植物は太陽に向かって伸びていきます。同時に地下に根をはり、どんどん根の先を伸ばしていきます。蔦《つた》は大木に絡み付いて上に伸びていきます。鳥はえさを探して飛びまわります。生き物は生きるために活動している瞬間、喜びを感じているのです。

ところが人は、生きる行為を自ら批判してしまうことがあります。自分の行動に喜びを感じる代わりに自分を批判し、評価します。その上、自分自身の「声」に言い訳をしてみたり、反論したりするのです。まったくもって人は不思議な動物なのです。

私も電車に乗っている時など、無意識に頭の中で「ぶつぶつ」と自分に話かけています。「こんなに天気がいいのに東京なんかに行かないで三浦の海岸でのんびりすればよかったなぁ」とか「昨日の夜にちゃんと資料を作成しておけばもう少し余裕を持って電車に乗っていられるのにさぁ」などと毎回同じようなことを言っています。

今朝、あるメールが届きました。

マサさん。神戸の小野寺有子です。

今日は尾道へドライブに行き「はっさく大福」を買って食べました。

美味しかったです　(^^♪

それはさておき……


一人ワーク、昨日やってみました。

いままでは避けてきたことにトライできたのが、まず大事な前進です。

インターネットをだらだら見て「ああ、こんなことしてちゃいけない……」と思った自分をキャッチして「向上したい有子」と「ぐずぐずしたい有子」を対話させてみました。

一人でやっていると、集中できないというか、話の内容がずれてきていないか、頭で考えて答えていないか、とか気になりましたが、とにかく、両者が握手を交わすところまで続けました。


「向上したい有子」は「ぐずぐず有子」に、

「そんなことしてちゃダメ！」

「ここまで有子を育ててきたのは私。私は必要なの」

「私はここに居続ける。気にして楽しめないなんて言っているのは、あなたの勝手。私のせいじゃない」と強気です。

「ぐずぐず有子」は、

「だらだらしたいんだからだらだらするの」


「やりたいことをやってるだけじゃない」


「でもなんか罪悪感あるんだよね」

「十分楽しめないのはあなたがいるからだよ！」

「あなただけだったら完璧人間だろうけど、そんなの人間じゃない」

「え、私が楽しめばいいの？」とちょっと揺れ動く感じでした。

そこで「向上有子」が「お互いに居続ければいいじゃない？」と提案。必要なときに必要な方が出てくればそれでオッケー、ということで握手を交わしたのでした。

トップドッグがアンダードッグをいじめたりしていた心の中の状況が、お互い対等な立場で認め合うことができたのかな？　という感じです。

相変わらずグズグズＴＶを見たりネットをしたりはしていますが、「今はテレビが見たいから」「ネットで情報収集しているのだから」と今自分がしていることが、今までよりも認められるようになった、昨日今日の二日間です。

一人ワークすることを今まで大げさに考えすぎていたかもしれません。うまく行かないかもしれないけど、やってみたら何らかの気づきはあるみたいですね。

記念すべき（？）第一回の一人ワーク報告でした。

読んでいただいてありがとうございます m(_ _)m

小野寺有子さま
あははは（^e^）
ついにやったねーという感じです。
「ぐずぐず有子」VS「向上有子」もいいネーミングですね。
これからはますます饅頭《まんじゅう》がうまくなるかも。

さてここで、トップドック、アンダードックという言葉が出てきました。これはパールズが「**トップドック**（top dog＝勝ち犬）」「**アンダードック**（under dog＝負け犬）」と呼んだことから始まっています。もっとも負け犬は「ボトムドック（bottom dog＝底にいる犬）」というのが正式な英語の表現です。

トップドック、つまり勝ち犬は、いつも正しいことを言います。「こうしなさい」「ああしなさい」「世間の目があるでしょ?」「なぜあなたは努力しないの?」と正論を吐きます。いアンダードックは負け犬です。いつもやろうと決めたことを途中で止めてしまいます。いつも楽な方へ流されてしまいます。そのためいつもトップドックに「そんなこと言ったってさ」「もっと楽にしていたいのよ」と言い訳をします。

有子さんは、東京の有名女子大学を卒業したキャリアウーマンで、神戸で働いています。

そんな頭の良い人でも、「私は駄目な人間だ」「だらだらTVなんかを見てしまう」と自分を責めてしまうのです。平凡な成績しかとれなかった私はちょっとうれしくなりますね。

✺二匹の犬はどうしてケンカするのか

ところで、二匹の犬は、いったいいつごろから人の中に居つくようになったのでしょうか。トップドックはなぜアンダードックに文句を言うのでしょうか。アンダードックはなぜトップドックに言い訳をするのでしょうか。

もちろん生まれたばかりの赤ちゃんは自分のことを責めたりしません。おしっこをもらしても反省しません。むしろおしっこをもらす瞬間はうれしそうな表情をします。

私の娘が赤ちゃんのとき、お風呂に入れたことがあります。ぬるい湯の中で気持ちよさそうにウンチをしました。生命体にとって排尿や排泄は気持ちよい行為です。からだの余分なものを外に出すわけですからとても生命体にとってよい行為なのです。

さて、それなのにどうして人間は摩訶不思議なことをするようになるのでしょうか。それはひとえに頭が働くようになった結果なのです。子どもが大人になる、成長する。この過程で社会の価値観や集団のルールを学びとります。社会生活をするために必要なこととして取り入れるのです。このように子どもは、親の人生観、社会の規範、集団の価値観を学習します。その学習した代表選手がトップドックなのです。

トップドックは**思考領域の世界の代表**です。脳の機能の一つは論理的、合理的に考え判断することです。そのために人は**常に正しい行為や立派な行い、理性的な行動をとろうとします**。自分の所属している**社会や文化の規範に従おうとします**。人類の進化の過程で最後に獲得した、脳の中でも最も新しい新皮質の機能の声なのです。

一方、アンダードックは、**からだの中に住んでいる心の声**です。心はからだですから「からだ」に住んでいるともいえます。アンダードックは常に**心、身体、感情、気持ち、直感などの声に従います**。疲れていれば「眠たいなぁ」と寝てしまいます。つまらなければ「楽しいことしたいなぁ」と何か興味あることを探します。おなかが空けば、宿題よりも先にまず「食べたいなぁ」とスナック菓子を探します。寂しくなれば友たちを携帯で呼び出し「おしゃべり」をします。そしてついトップドックの声を忘れて自分のしたいこと、楽しいこと、のんびりしたい行動を取ります。

トップドックとアンダードックがケンカする理由は、二匹の犬がそれぞれ異なる所に住んでいるからです。トップドックは人間の**知性の声**です。アンダードックは**本音の声**なのです。この知性と本音のバランスがとれている時は問題ありません。しかしそのどちらか一方の声が強いとバランスが崩れてしまうのです。

価値観の鵜呑み

森本義一さんは東北で小さな会社を経営しています。それなりに会社がうまく行っているのですが自分の能力が気になって仕方がないのです。彼はグループの人に対しても自己否定したような言葉を使います。「私は無能です」とか、「私はいつもあきらめと怒りの気持ちに振りまわされています」と言いました。

そこで自分と対話してもらうために二つの椅子を用意しました。一つの椅子に森本義一さんを座らせます。その椅子に座っている森本さんは「おまえは無能だ」と怒っている自分です。もう一つの椅子には「あきらめ」のある自分を座らせます。この二人を対話させるのです。怒っている森本さんの前に「空いす」を置いて、あきらめているもう一人の自分に話かけるのです。いつも心の底で思っていることを声に出して表現してみるように勧めました。

森本さんは自分に向かって「おまえはだめな奴《やつ》だ」と大きな声で言ってみました。「いつも仕事が遅い」とか「大事なポイントを理解しない」と思いつく言葉を続けて表現してもらいました。

そしてあきらめている自分の椅子に座ってもらいます。「そんなことないよ」と言い返します。「私は会社を成功させた」と反論します。あきらめている自分の声は意外にしぶとく反論します。このように対話をしてもらいました。

そして怒っている自分の椅子に座ったときに「おまえは無能だ」と叫びました。その言葉が出たときに、はっと気づいたのです。その言葉は小さいときに父親が彼に対して常に向けていた言葉だったのです。彼は長男でした。家業を継ぐことになっていました。しかし、弟の方がいつも学校の成績が良かったのです。小学校のころ成績表を見るたびに、父親は彼に「おまえはだめな奴だ」「おまえは無能だ」と怒ったのです。彼はその言葉を聞きながら「怒り」を感じていました。同時に心の奥で「オレはどうせだめなのだ」と「あきらめ」の気持ちを抱いたことを思い出しました。

大人になって、小さな会社を経営して成功したのですが、心の隅で彼は自分を否定していたのです。父が言っていた言葉を自分に向かってつぶやいていました。生活の中でふと何かを感じたときに無意識にとり入れた父親の言葉を、「おまえはだめな奴だ」「オレはどうせだめだ」と自分に向かってつぶやいていたことに気づきました。このことに気づいた彼は、もう自分を責めることを止めました。それは父に自分を認めてほしいという気持ちだったのです。彼は、自分の気持ちを老いた父親に伝えることに決めました。

このようにトップドックの声は「父親」「母親」「教師」「先輩」であることがあります。子どもはしばしば大人の価値観（声）を飲み込んでしまうのです。トップドックは自分の所属している社会や文化、宗教、家族の価値観の声であることもあります。

パールズは多くの人がトップドックとアンダードックの戦いに疲れていることに気づきました。そして彼はこう言いました。

トップドックとアンダードックのケンカはどっちが勝つと思いますか。「ケンカしている時はいつもトップドックが強いのさ」。そしてアンダードックは負けてしまうのです。いつも弱いアンダードックは降参してしまいます。そして「あぁ、またサボってしまった」とか「だってやりたくなかったんだよ」と言い訳をします。その態度にトップドックはさらに「だから努力しなさい」と正論をたたきつけます。トップドックはいつも正しい言葉を自分に浴びせるのです。そこで私はトップドックを「勝ち犬」と呼び、いつも言い訳をするアンダードックを「負け犬」と名づけたのです。

しかし、このケンカはいつも**負け犬が最後に勝つ**のです。これがゲームのポイントです。そうなんです。このケンカのゲームに最後に勝つのは負け犬なのです。結局のところ、最後に負け犬は自分のしたいことをします。

それだからこそ、勝ち犬は「また、あなたはサボっている」「もっと努力しなさい」と金切り声を上げてほえるのです。それに対して負け犬は、頭を抱えながら「ごめん」と言います。反省したふりをします。でも、最後に自分のしたいことをしてしまうのです。そしてゲームの最後の最後にはいつも「勝ち続ける」のです。そしてトップドックはまた……。


パールズは「このトップドックとアンダードックのゲームが続くのは、最後にアンダードックが勝つからさ」と笑います。

このゲームを終わらせるには「ぐずぐす有子」の声を認めてあげることです。アンダードックの方にエネルギーがあることに気づくことです。負け犬は本当の自分の声なのです。勝ち犬は親や社会の声なのです。もしあなたが社会や親の考え方を自分の価値観より優先したとしたら、アンダードックは抵抗し続けます。あなたが**自分自身の本当の声を受け入**

れることができたときにゲームは終わるのです。

3

夢《ドリーム》のワーク

夢はゲシュタルト療法でとても興味深い領域の一つです。ユングは夢に意味やエネルギーがあることを発見しました。そのユングに影響を受けたパールズは、夢にいのちを吹き込んだのです。**夢の中に出てくる人物、動物、風景、植物、動きなどはすべて、自分自身の断片である**、と述べています。夢に登場したすべての人、物、形、生き物、風景に〈なる〉ことで夢にエネルギーを与えました。夢を生き返らせたのです。

パールズはゲシュタルト的アプローチの特徴は「いつも前面に出ているもの（「図」）」と「背景になっているもの（「地」）」を分けないで統合すること、そして前面に出てくるものと背景になっているものとの関係を「意味」と呼んでいるのだと述べています。もし、あるものをその文脈から切り離すと、意味が失われたり、意味をゆがめてしまうのです。

夢を見たときに、私たちは前面に現れた人物・家・風景・色など（「図」）にとらわれてしまいます。そして背景になっていたもの（「地」）との関係に意味を見出そうとしません。

そのようにする代わりに「夢を生きてみる」のです。

✺二つの卵が示すもの

津田靖子さんは不思議な夢を見ました。それは怖い夢であるとともに幸せな感じの夢でもありました。怖いのは老婆が死を迎える部分です。そして幸せなのは卵を二つ手に持っているところです。

大きな家に何世帯かの家族が住んでいます。葬式が行われています。私の知っている（と感じている）老婆が死に、その葬儀をしています。不思議なことに私は、その家の風呂場で三、四人の人たちと風呂に入っています。風呂の中で私は卵を二つ産みました。一つの卵が割れました。その卵から男の子の赤ちゃんが生まれました。私は赤ちゃんにおっぱいを飲ませています。とても幸せな感じがしています。もう一つの卵は割れません。片手に割れない卵を持っています。

これは津田靖子さんが見た夢です。

さっそく彼女に、その老婆になってもらいました。するとその老婆は言いました。

「私は自由になった」

このように老婆になって言葉を発したとたんに、怖さが消えていきました。不思議なことにとてもさわやかで、優しい気持ちが心の奥から生まれてきたのです。

このように夢の中で恐怖、不安、絶望を感じたとしても、夢のプロセスを進展させることで夢のメッセージを知ることが可能になるのです。そのメッセージとはどんなことなのでしょう。さらに夢の世界を体験していきましょう。

次に、津田さんに割れた卵になって表現するようにしてもらいました。

私は卵です。殻を破って私は生まれました。
私は男の赤ちゃんです。
誰か知らない人がいます。

私を引き寄せて胸に抱いてくれます。
私を見てとても嬉しそうに笑っています。
温かく、優しい感じが私の方に伝わってきます。
その人は、私に乳を飲ませてくれています。
私はとても幸せな気持ちです。私はとても嬉しい。

このように言いながら、彼女は顔を上げてグループの皆に微笑みました。そして、「私はまだ結婚していませんが、いつかは子どもが欲しいと思っていたのです。そのことを体験しているのかもしれない。とても今は胸が温かい、幸せな感じです。赤ちゃんが私に微笑みかけてくれています」と語ってくれました。

次に割れない卵になってもらいました。もう一つの手のひらには殻の割れない卵が残っています。それはどのようなことを教えてくれるのでしょうか。

私は割れない卵です。
私は殻の中にいます。

殻は厚く、私を守っていてくれます。
私はまだ、生まれる準備ができていません。
殻の中にいます。
生まれる準備をしています。
卵のままでしばらくここにいます。

このように「二つの卵」は、彼女の誕生のシンボルのようです。一つの卵はもうすでに誕生の（生まれる）準備ができていることを知らせてくれています。そしてもう一つの卵はまだ時期が早いことを知らせてくれています。

その前の場面で老婆が死を迎え「自由になった」と言っています。津田さんにとって老婆は、今まで彼女を縛り付けてきた生き方のシンボルだったのでしょうか。何か今の生活で新しいことが起こりつつあるような感じです。

ワークの後もさわやかな感覚が残っています。夢の中の卵になった彼女の幸せな感覚が身体からあふれ出ているのがグループにも伝わりました。

ゲシュタルト療法は、**夢の中に存在するものすべてが自分自身の一部分である**ととらえます。夢を創り出しているのは本人だからです。夢と私の間に境界線はありません。私が見る夢は私自身なのです。あなたが夢を見るならば、その夢はあなた自身のすべてを表しているのです。

しかし、夢の内容が「老人、死」などであると、目覚めてドキドキしたときの興奮や感覚を大切にするよりも、そのショッキングな内容に注意が向いてしまうものです。「いったい、あれは良い夢だったのだろうか、悪い夢だったのだろうか」と心配が先にたってしまうのです。その意味を解釈したり、分析、判断してしまうのです。

しかし、印象に残る夢を見れば、本人が解釈したものとは異なった気づきがワークではしばしば生まれるものです。時には深いメッセージが秘められていることもあります。

この夢の意味は「自由、再生、生命」がテーマであるように思えます。

最初の老婆の《死》は、彼女の中の解放感を伝えています。死は自由の始まりであることを教えてくれています。「自由」を手に入れることは、過去の経験を葬《ほうむ》り去ることでもあります。その象徴として、古い肉体（＝おばあさん）が夢に現れて、「もっと先へ行きたい」と言ったのです。そしてそのために肉体は死を迎えたといえます。今までの自分の枠を超えようとしているようです。

新しい経験は古い殻を破ることです。自分の中の固定化した習慣や概念、行動という殻を割るときに新しい「生命」が生まれること、それが夢の〈卵〉の暗示していることなのでしょうか。

同時に、新しい生命〈新しい経験〉は、準備ができるまで卵の殻のように守られる必要があることも比喩的に教えてくれています。ヒナ鳥が生まれるまでには、安全な環境（殻）の中で長い時間（準備）が必要でもあるのです。自由を手に入れるためには、片手に生まれた卵、もう片手には生まれていない卵、この二つのバランスが必要であることもまた教えてくれています。

コメントで津田さんは、「夢は私が自由になるためには古い肉体を脱ぎ捨てて生まれ変わる時期がやってきたのだと教えてくれている。『あなたも変身しなさい』『殻を破る時期が来ましたよ』と夢が教えてくれていることに気づきました」と言いました。

✹夢に投影された自分

木村久恵さんは、このような夢を見ました。

港が見えてきます。港の左側の辺には船があります。私は密出国するために男性の手引きを得て、こっそりとその船に乗りこみます。しかし見つかりそうなので、梯子《はしご》を使って船内に入ります。

場面が変わり、私はがっしりした体格の男性と船上で戦っています。私はその男が持っている棒を二本奪い、海へ捨てます。男の武器は大きな乳型の棒だけになります。それも奪い取ります。思ったほど重くなく、また思っていたより簡単に相手から奪えたのです。それを海に捨てますが、海は沼みたいになっていて、なかなか棒が海中に沈みません。私は「早く沈めないと捕られてしまう」と思っています。すると男性は、突然ハサミを取り出したのです。そのハサミが光を受けて見えます。

これを武器にされると「怖い」という気持ちと、この男性はそれは「しないだろう」という気持ちがあります。……ここで目が覚めました。

そこで、セッションでは二つの場面を再現してもらいました。

一つ目は男と戦っている場面です。その場面で彼女は〈乳型みたいな棒になる〉ことを勧めました。彼女は棒になって、次のように言いました。

「私は戦うための道具じゃない」

「平和のための道具なんだ」。

するとと棒になった彼女の目から涙が流れ出してきました。そして。。。。。


「私の恨みよ、小さくなれ」

「私の悲しさよ、小さくなれ」

このとき木村さんは夢の意味を理解しました。そしてさらに「私は沈まない」と言いました。すくっと立って「沈むもんか!」「三月までは立っておくんだ」と叫びました。恨みや悲しさは経営能力のない経営者に対するものでした。彼女は三月に会社を辞めようと思っていたのです。そして三月になって退社しました。

二つ目の場面はハサミです。彼女は光に照らされるハサミになってみました。するとハサミは「エイッ」「サーッ」と切るイメージがあります。それと同時に「そう切りたくない」という感覚が生まれてきたのです。

そしてハサミは「余韻を残して切りたい」と述べました。ハサミは少し残念がって切りたい感じです。そしてハサミは「もっと大事な時に使いなさい」とも言いました。

「への緒を切るときにとっておくのです」とハサミは語ります。

このようにして夢のセッションが終わりました。そして木村さんは後日、グループに手紙で自分の感じたことを伝えくれたのです。

へその緒を切った上司は、私が就職するときに面接をした院長（施設長）です。女子大生のかわいい（?）私は、面接の時、この人の元なら、厳しいけれどきっと自分のためになると直感しました。そして、その直感は正しかったと今でも思っています。結局、一七年余をこの職場で過ごすことになりました。

昨年は経営者の交代が二回も起こりました。管理職、責任者クラスの複数の退職がありました。その上司（=へその緒）も昨年末で退職しました。波乱の一年でした。そんな中で「この法人がダメになったのはおまえのせいだ」と言われたりもしました。

したたかになった私は混乱しながらも「まぁ、私一人のためにこんな大きな法人がダメになるなんて、私をそんな影響力がある人間と評価してくださっているんですね。ありがとう」と心の奥で返事をしてみました。

以前の私なら巻き込まれ、火中に栗を拾いに飛び込んでいました。問題と私自身の間に線を引き、人の責任と私の責任を分けて考えられるようになったのも夢のおかげです。

（ひさえ）


夢は、前に出てきた「図」が登場人物、岸辺、船、棒、ハサミなどです。それは彼女の現実生活の葛藤を統合させる役割を持っています。それと同時に背景になっている「地」は何でしょうか。男と戦う乳型の棒は、人とのコミュニケーションの仕方を示唆しています。乳型の棒は「戦うためのものではない」「平和のためのものだ」と言っています。乳型の棒は「言葉」の持つ価値についてのシンボルかもしれません。人は言葉を使ってコミュニケーションを行います。相手と戦うためではなく、相互の溝を埋めるためのものだからです。

またハサミは、「へその緒を切る時、大事な時にしなさい」と語りました。自分を育ててくれた上司との「へその緒を切る」ことです。ハサミは大人になった精神性の成長（「地」）の証でもあるのです。

このように考えると、港は新しい船出のシンボルなのかもしません。あるいは、人生という嵐の中で身を休める安らぎの場所であるのかもしれません。

夢のセッションは、前面に出てきた**私たちの日常性と、その奥にあるスピリチュアルな成長を統合する役割を果たしてくれている**のです。

夢が語りかけてくれることは、私たちの行き着く場所を示唆してくれているのかも知れません。行き着く場所を求めている人の、船出のシンボルなのでしょうか。

4

未解決な問題《アンフィニッシュド・ビジネス》のワーク①——癒しのプロセス

傷ついた幼い子

人は心の奥に小さな子ども《インナーチャイルド》を住まわせています。それは幼い頃の自分です。人はその存在に癒されたり、また悩まされたりもします。カウンセリングやゲシュタルト療法の個人セッションでは、しばしば〈幼い子〉が現れてきます。それは、時に〈傷ついた幼い子〉であることもあります。

桜井真美さんは看護師になって三年目ですが、仕事の場面で時々わけの分からない不安に襲われます。特に感情をむき出しにして怒鳴りつける男性の患者などに出会うと相手が悪いとが分かっていてもビクビクしてしまうのです。上司の婦長さんも苦手です。機嫌が悪いと部下の揚げ足をとってクレームをつけるからです。そのようなときに、言いたいことがあっても下を向いて黙ってしまうのです。悔しいのですが言い返すことができません。

そんな真美さんは、ちょっとおどおどしている感じの女性です。セッションを始めてすぐに、いじめにあった体験が大きく影響していることが分かりました。大きな声で怒鳴りつける病院の患者さんのことを想像しただけで怯えていることがよく伝わってきます。患者さんの「怒鳴る声」と「表情」を思い出してもらうと、彼女はうつむいてしまうのです。うつむきながら両手は胸に押し付けています。あたかも胸の中の何かを守ろうとしているように感じられます。

「両手は何をしているのですか」と尋ねると、「胸が痛くなる」とのことです。その胸をさすってもらいました。ゆっくりと両手で優しくなでています。

そして小さな声で真美さんは言いました。

「胸の痛みの中に、幼い女の子がうつむいています」

その女の子を守っていることに気づいたようです。病棟という環境の中で危険な男から無意識に自分の身を守る動作は、小学校の低学年のときに体験したいじめで傷つけられた「幼い女の子」を守ろうとしていたのです。

その体験を言葉に出すと、いじめにあった記憶がいくつか思い出されてきました。彼女はそのような体験をしてから人を避けるようになったことも思い出してきました。いじめにあったころから周囲の人が怖く感じるようになったこと、友人と話さないでうつむいていたこと、大きな声にビクッとすること、いろいろなことがいじめ体験と結びついていたのです。

ゲシュタルト療法では、そのような傷ついた体験を「未解決な問題」と呼びます。未解決な問題は、過去の体験自体が問題なのではなく、大人になった今でもその体験に過剰に反応してしまうことが問題なのです。**「いま—ここ」の現時点で、過去の体験のパターンに無意識に戻ってしまうことが問題**であると考えます。

これを解決するためにまずからだに焦点を当てます。**からだに残っている記憶を「いま—ここ」の安全な空間で再体験してもらう**のです。未解決であるということは、そのときの体験が未解決のままであるということです。その未解決な問題を**表現することで完了させていく**のです。アプローチのステップは、以下ようなプロセスを踏みます。

アプローチ1　精神的な体験から身体的な世界の体験に焦点を当てる。

「いま―ここ」の現時点では彼女は怒鳴る男性の患者さんが怖いと感じています。その声に怯《おび》えると訴えています。その「怖い」「怯える」ということは、精神的な体験です。不安である、心が震えるということも同じです。そのような精神的な経験を身体に還元してもらいます。つねに人は「心、気持ち、感情」と呼んでいる精神的な出来事を身体という具体的な現象としても表現しているものです。

彼女が「怖い」「怯える」ということに注意を向けていると《胸が痛い》という身体的な症状が伴うことに気づくようになりました。そして胸の痛みは、幼いころに「いじめ」にあった心の痛みの声でもあったのです。その子は大人になった今も泣いているのです。

アプローチ2　身体の記憶に「声」を与える。

胸の中で泣いている「内なる子《インナーチャイルド》」に声を与えてあげます。その子はいじめにあったことを話してくれました。小学校の二年の時の体験を安心できるグループの空間で語ってくれたのです。そのいじめでもっとも「怖かった」ことは、男の子に木に縛り付けられた場面でした。大きな桜の木が裏山にあります。その桜の木に彼女は縛り付けられたのです。男の子たちは笑っています。そのときの恐怖がからだに「怯え」として記憶されていたのです。そのために粗暴な男性の声を聞くとからだの筋肉が思い出すのです。

癒しのプロセスとしては、**安全な人間関係（グループ）の中で自分の体験を語る**ことはとても効果的なことです。なぜなら、からだには過去の怖い体験と「いま―ここ」の大人の自分とを識別する能力がつくようになるからです。

アプローチ3　未解決なプロセスを完了させる。

しかし、安全な空間で過去のつらい体験を語るだけでは十分ではありません。その時に自分の身を守るためにしたかった「行動」「動作」「表現」は未解決のままだからです。

そこで小学校の二年の「いじめ」の体験を思い出してもらいました。そして「いま―ここ」の現時点でいじめられている場面を二年生の真美さんになってもう一度経験してもらうのです。このときにカウンセラーの人が細心の注意を払ってほしいことは、単に過去の場面を再現するだけではないということです。その場面を体現してもらうと同時に「怖い」体験をコントロールできる条件を整えておくことが大切です。その意味でもっとも怖かった木に縛られた体験の前に、真美さんが「今ならできる」と思える場面からスタートするように提案しました。彼女はクラスの場面を取り上げたいと言いました。

彼女は小学校の二年の時、父親が九州から名古屋に転職したのにあわせて学校を転校しました。半月くらい経ったころ、クラスのみんなが彼女を無視し出したのです。隣の椅子に座っていても口を利《き》いてくれないのです。特に山ちゃんという男の子は彼女に攻撃的でした。乱暴な口を利くし、みんなの前で蹴飛ばされたこともあります。

このクラスの場面を再現してもらいます。サイコドラマ（心理劇）のようにクラスの学友を目の前において次のようなことを表現してもらったのです。

いじめた男の子を置いて言い返すのです。山ちゃんなど三人です。

「ひどいことしないで」
「男の子はどうして乱暴するの」
「先生に言いつけてあげるよ」

それから他の子たちに「どうして守ってくれなかったの」と聞いてみたのです。すると、いつも遊んでいたヨッちゃんは「だって誰かがいじめられるとスッとするんだもん」といいました。真美ちゃんは「もうあんたなんかと遊ばないよ」と怒りました。他の子は「山ちゃんの言うとおりにしないと私がいじめられる」と泣きそうです。もう一人の男の子は「あんたなんか嫌い。変な言葉やけん（名古屋弁?）」と言いました。

そのような場面がしばらく続くと、彼女はクラスに「無視していないよ」という子もいたことに気づきました。「マミちゃんはいつも下を向いてみんなと話さなかったよね」と伝える子がいました。その言葉で転校したころの記憶がハッキリしたのです。最初は方言が違うので、自分はみんなに笑われると思って下を向いていたことなども思い出しました。

「あぁ、そうか。いじめられていただけでもなかった」という記憶も残っていたのです。

クラスの女の子は「今日は同じ道だから一緒に帰ろうね」とさそってくれました。また、「お花がきれいな秘密の道があるの。教えてあげる」と言ってくれた女の子の顔がパッと脳裏によみがえったのです。このようなプロセスを経て最後に「桜の木に縛られた」体験も取り除くことができたようです。
幼い真美ちゃんがニコニコしています。

このように過去の傷ついた場面は、少しずつ**本人が安心して取り組めるプロセスを踏むことが大切**です。ゲシュタルト療法は特に身体中心型のアプローチをするため感情に触れることが多いので、私はとても気をつけていることの一つです。

アプローチ4　グラウンディングする。

さて、カウンセリングや心理療法ではセッションをより現実的にしてもらうためにグラウンディングという共通した考え方があります。彼女のケースでは、過去のいじめの体験を完了してもらうために、「いま―ここ」にいるグループの人たちに自分の気持ちを伝え、幼い時の怖さを表現し、そのことで大人になった今は「安全である」という確信をからだで感じられるようにしました。
真美さんはニコニコした笑顔で、「内なる子」が笑っていることをグループのみんなに涙をそっと流しながら一人ひとりに伝えていきます。

アプローチ法

1. 精神的な体験から身体的な世界の体験に焦点を当てる。
2. からだの記憶に「声」を与える。
3. 未解決なプロセスを完了する。
4. グラウンディングする。

5

未解決な問題《アンフィニッシュド・ビジネス》のワーク②――凍りついた炎

✺「症状」は「表現」

森口美千代さんは四五歳のカウンセラーです。中学生になった娘さんと小学生の男の子の二児の母親です。旦那《だんな》さんの両親と一緒に暮らしています。彼女は若いときに興味があった心理学を数年前から学び始めたのです。

今は交流分析を基にしたカウンセリングの講座を指導しています。交流分析を学ぶうちにＴＡゲシュタルトに関心をもつようになったそうです。ＴＡ（transactional analysis）とは交流分析のことです。この交流分析では、脚本分析をゲシュタルトのワークで行うのが特色です。

彼女は、体調が悪いときにはいつも喉をやられてしまうようです。それから胸も痛くなるようです。ゲシュタルト療法を学び、グループの人たちの変化を見ているうちに自分の症状と対話してみたいと思うようになったのです。

そこで体調が優《すぐ》れないときにどのような症状が出てくるのかに注目してもらいました。森口さんは次のように症状を述べてくれました。

・喉を痛めて咳き込むようになる。
・胸が時々ズキンと痛むような感じになる。
・胃が弱く食欲がなくなる。

これはゲシュタルト療法でいう「いま―ここ」の現時点で彼女が意識している「図」です。今、彼女が自分を意識していることは喉が痛いということです。そして胸が時々ズキンと痛くなる感覚です。「私は呼吸器系も弱いのです」と自分の体調が弱い理由を説明してくれました。そのように体調が弱っているときは食欲もなくなるようです。「たぶん、消化器系も弱いと思います」。胃が痛くなったり食欲がなくなるからでしょう。そんなときは下痢気味にもなるようです。

人はしばしば自己の内面の感覚を「症状」を通して表現します。森口さんは人前で話をすることは好きなようです。講座を受け持つときは「嬉しいのよ」と言いました。彼女は外見からして決して病弱には見えません。むしろ家庭と仕事を上手に両立させているように見えていました。明るい彼女の雰囲気や優しい話し方などから意外な印象を受けました。予想外のテーマと感じられたのです。グループの人たちも彼女が「体調が弱い」「いろいろな症状がある」と表現したことに驚いている様子です。

第一印象と異なることはよくあることです。そこで「いま―ここ」の現時点で感じられている症状に意識を向けるようにしてもらいました。喉と胸の真ん中、胃の中心です。ゲシュタルト療法はその部分を「**症状」とは考えず、からだが「表現している」ととらえます**。彼女にも「症状」というレッテルを貼らないように指示します。そして喉、胸、胃と三つの部位に意識を向けてもらいました。

しばらくすると、彼女の表情に小さな変化が現れました。日常の生活の中では一瞬の出来事なので、見逃してしまうような微細な表情の変化です。その小さな表情の変化は内面の精神の表現でもあるのです。

今、どんなことに気づいていますか。

「寂しい」。。。。。。感じです。

このように森口さんは日常の生活では人に見せない内面の気持ちを私に伝えてくれました。明るい笑顔でニコニコとグループの人たちとも話している彼女の内にある「寂しさ」に触れたのです。このことがきっかけとなり、さらに内面の世界に触れていくことができるようになりました。彼女は子どものころから「寂しさ」を感じていたことを率直に伝えてくれました。そしてこの寂しい感覚は、子どもの彼女自身ではどうすることもできなかったようです。いつも気づくと、この感覚がからだの中にあるのです。しかし、幼い彼女はその意味を知ることはできませんでした。

彼女は普通の家庭で育ちました。明るく笑う彼女は友達からも家族からも好かれていたのです。それでも時折、「寂しさ」が目を覚ますのです。眠っていた小さな恐竜が目覚めたように、からだの奥底で動き出すのです。

「自分には克服できるものではなかったのです」。。。。。。

この「寂しい」という恐竜は、彼女の心の奥の本当の声なのかもしれません。その意味を理解できれば問題を解決することは可能です。彼女が大人になって心理学に興味を抱くようになったのは、心の底にいる小さな恐竜に、自分自身で救いの手を差し伸べてあげたかったからなのかもしれません。

この「寂しい」という感覚を十分に《経験する》ようにしてもらいます。

数分が経過しました。。。。。。一〇分くらい。。。。。。でしょうか。彼女はこの感情の根源にたどり着いたようです。頬に涙が伝わります。

「私が生まれた瞬間に感じたのです」。。。。。。（泣く）

赤ん坊はこの世に生まれたときには言葉を理解することができません。しかし言葉以上に生き物として直感を持って周囲の雰囲気を感じとることができます。彼女が生まれたときには周囲の家族・親戚が集まってくれていました。みんな期待していたのです。しかし赤ちゃんは生まれた瞬間に父親が言った言葉をからだで聞いてしまったのです。

「女の子かぁ」。。。。。。

両親のがっかりした声をからだで受けとってしまったのです。正確には父親の声です。彼女は三番目の娘でした。父方の両親と同居していたのでおじいさんが常々望んでいた「今度は緒方家（旧姓）の跡取りが生まれる」という期待は父親にもプレッシャーだったようです。父親も内心は「今度こそ」と思っていたようです。親族も「今度は男の子らしい」と何となく期待して集まっていたのです。

そして「。。。。。。かぁ」と父親はつぶやき、おじさんやおばさんたちは心の中で「。。。。。。かぁ」と無言のままささやいたのです。

その「声のトーン」は、赤ちゃんにとっては生命の危険にさらされたことを意味します。この世に生まれてきて最初に周囲の大人が発した、目には見えない否定的なビームが赤ちゃんの身体に突き刺さったのです。誕生のときに最初に受け取ったヒトからのメッセージでもあったのです。

このような記憶はからだで記憶されています。その「寂しさ」を感じとった瞬間に彼女は何かをしたのです。もしかしたら彼女は緊張し、泣くのを止めたのかもしれません。呼吸を止めたのかもしれません。胃の動きが止まったのかもしれません。肩の筋肉を固くしたかもしれません。生命の危険から身を守るために恐怖を感じとらないようにしたのでしょうか。

赤ちゃんは喉の筋肉を締め付け、胸の筋肉を収縮させたのでしょうか。胃の筋肉を硬直させたのでしょうか。このときの筋肉の記憶が時たまよみがえるのです。その時に彼女は言い知れない「寂しさ」の恐竜に出会うのです。

田舎や地方の家族には今も家を継ぐという考え方や習慣があります。森口さんの旧姓である緒方家は地方で特別な名家であるわけではありません。お父さんはサラリーマンをしています。しかし親族が昔からいる土地で生まれ、働いています。父親と同居していたようで、三人目は「男の子でなければいけない」というおじいちゃんの言葉を丸呑みしていたようです。両親や祖父、祖母は実際には彼女をかわいがって育ててくれました。しかしそれでも赤ちゃんが最初に無意識に感じとったのは、ヒトから最初に拒絶された人生の記憶なのです。

✺ 表現されなかった激しい感情

日本でゲシュタルト療法を広めたポーラ・バトム女史はこのような体験を、中国の作家、魯迅《ろじん》の言葉を使って教えてくれました。それは「凍りついた炎」と呼びます。

フローズン・ファイア（Frozen Fire）とは、日本語では「凍りついた炎」と呼ぶことができます。これは「過ぎ去った一つの固まったパターンへと密閉されてしまう表現されなかった激しい感情」を指して魯迅が用いた言葉です。私たちは特別な感情を氷の中に閉じ込めてしまいます。しかしその特別な感情は未解決のままに氷の中で炎となって燃え続けています。そのためにその凍りつかせた感情と似たような出来事に出会うと私たちは動揺してしまうのです。凍りつかせたはずの炎が動き出すからです。

私たちが過ぎ去った過去に体験した激しい感情（怒り、悲しみ、恐怖）など、もともとの出来事とほんのわずかでも似かよった事柄であれば姿を現すのです。フリッツ・パールズとローラ・パールズ夫妻は、これを「未解決な問題」と呼んだのです。

（ポーラ・バトム）

その後はグループで森口さんの父親、母親、祖父母などの役を決めてそれぞれが「赤ちゃん」をいたわりました。そっと涙をふいてあげるおばあちゃん役の女性、父親はからだに触れながら愛していることを伝えてあげました。母親になった人は「お前が生まれて嬉しいよ」と心から伝えてあげたのです。

さて、誕生の記憶は人によってさまざまです。生まれたときの記憶は大人になると消えてしまいます。もちろんそれは脳で自分の過去の記憶を思い起こすことができないだけのことです。身体は異なる方法で未解決な記憶を修正したり呼び出すことができるようです。

6

無境界《コンフリエンス》のワーク

矛盾した感情を解きほぐす

伊集院松江さんは、二〇歳代の若い看護婦です。看護婦になろうとしたのは、高校生の時に「人の手助けになる仕事」と考えたからです。五年前に仕事についてから、患者とのふれあいが愉しくて毎日があっと過ぎ去っていったとのことです。ところが彼女には悩みがあります。それは母親との関係です。母親との結びつきは依存関係が強く、なかなか自立することができないのです。このままでは結婚も難しいと内心、感じ始めています。

松江さんはグループの前で「私がしたいのは母親を受け入れたいことです。そして母からは優しくしてもらいたいのです」と述べました。

まず松江さんに、母親のことを「思い浮かべる」ことから始めてもらいました。そしてその時に、彼女の中でどのような「こと」が起きてくるのか、意識を当てていくわけです。彼女は母親のことを思い浮かべると、胸のあたりが「うずく」ように感じられると言います。そこで焦点を胸のあたりに向けてもらいます。

胸のあたりに何かが起こりつつあります。その胸に声を与えるように提案するのです。声を与えられた「胸」はメッセージを伝えてくれます。それが「からだと対話」するアプローチです。

提案1　からだに声を与えてください

このように提案するわけですが、実際に私が表現したのは次のような言葉です。

もし、その胸が「話す」ことができたら、「何と言っていますか」。

もし、「うずく」ような感覚が話すことができたら、「何と言っていますか」。

このように「からだ」に問いかけることによって、ふだんは意識を向けていない自分の内部の心の声を聞くことができるようになります。私たちのからだは言葉を持っています。ゲシュタルト療法はその声を聞くようにクライアントに勧めるのです。

母親に対する愛情や葛藤は本人の内面の精神的な世界なのですが、そのような精神的な世界へのアプローチはきわめて具体的で、身体的でもあるのです。このようなことを体験したことのない人は半信半疑の気持ちになっていると思います。このようなことは、日常の会話やコミュニケーションの中では少ないからです。

しかし、あなた自身を少し注意深く観察してみるとわかると思います。このような問いかけや対話をほとんどの人が毎日の生活の中で無意識に行っているのです。

たとえば、体調が弱く、いつもお腹をこわす人、すぐに不安になる人、こんな人は「今日は大丈夫かな」と自分のお腹に話しかけたり、自分に「落ちつけよ」と話しかけています。

このように、いつも症状に悩まされている人は、無意識にその症状が自分の体調や気分的な調子のバロメーターになっています。そして大事な外出がある場合などは、玄関のドアを開ける前に「○○○○○○　かな」と声かけをしたりして、体調の判断基準を行なっているのです。

さて松江さんは「胸」に問いかけてみました。聞こえてきた声は、次のような言葉だったのです。

「愛されたいけど愛されたくない」

このように、彼女の「胸」ははっきりと答えたのです。からだに問いかけた時に、自分の中の気持ちが明確になったといってもよいでしょう。胸のもやもやは「愛されたいけど愛されたくない」と、矛盾したことを言いました。ゲシュタルト療法では、その矛盾を否定しません。**矛盾のままに、その気持ちやその時の身体感覚を十分に《経験する》**ことを勧めます。

私は母親に愛されたい。
愛されたいけど、愛され続けたくない。
愛したいし、愛したくない。

このように自分の矛盾した愛情、感情、感覚を十分に感じ、それを言語化するようにしてもらいます。内面の感覚を知的な解釈に切り替えないで、そのまま「いま─ここ」の現時点で感じていることを言葉で表してもらうのです。すると、次のプロセスが自然と生まれてきます。彼女は何かもっと表現したいが、言葉で表せないようなもどかしい表情をみせました。

提案2　今、何が起きていますか

ゲシュタルトは「今、どんな感じですか」「今、何があなたの中で起きていますか」と彼女のからだの内部に気づきを促す問いかけをします。

「ちょっと（母親と）距離をおきたい」

彼女は、母親と「ちょっと距離を置きたい」ということです。そこで実際に母親の椅子（座布団）を自分の椅子（座布団）から離して遠くに置くように勧めました。そして二メートルくらい遠くに母親を置いたのです。それから、その母親を観察するようにしてもらいます。

「追いかけて来るようで、――いや！」

ここにきて彼女は初めて自分の深い感情にふれたといってよいでしょう。今までは母親に「愛されたい」それなのに「愛してほしくない」という矛盾した感覚に自分自身が混乱していたのです。そしてこの課題を乗り越えたと言っていたのですが、今までの彼女の気づきは思考レベルの気づきでもあります。親子の愛情関係を理性的に合理的に解決しようとしていました。

世の中には理想的な親子関係が存在していると考えていたのです。「世間の母親は娘に優しく愛情を表現するはず」です。「娘は母親に優しくするべき」と思っていたのです。それで、それができない自分を責めていました。あるいは「そのようにできないのは自分に欠点があるのではないかしら」と考えていたのです。そして何とか立派な親孝行をしようと努力してきたのです。それが苦しくなるばかりでした。

しかし今、彼女はその反対の位置にいます。自分の内面の気持ちをあからさまに表現しています。本当の怒りにふれたのです。母親に対する「いや！」という憎悪の感情もありました。

「そばに居て欲しくないのよ」（感情的に言っている）

伊集院さんは「距離というより、上からこう重く、あちこちから来る感じで、なんか、……なんか空気みたいに寄せて来るみたいで息苦しいわ」と述べました。

しばしばこのような親子関係の愛情の問題には互いの間に境界線がなく、「無境界」な状態が起きているものです。彼女が最初に述べたように、母親に求めているのは「優しい愛情」です。そこにはいつも母親と一緒に居たい、側に居てもらいたい、という欲求があります。それなのに母親が近づくと同時に「離れたい」「寄って来るな」という矛盾した感情、相反する感覚が浮かび上がってきてしまうのです。このような問題の背景には「境界線を引く」ということを知っておく必要があります。

✺ 境界線を引けば解決

パールズは神経症の人たちに共通している親子関係の混乱は、この無境界な状態（他者と自己の間に境界線がなく混合してしまっていること）にあると述べています。もちろん健康な人たちも同じような無境界な問題をもっています。多くの親子関係や職場の人間関係でのトラブルは、この**境界線の無い状態**、つまり「**無境界**」な関係から生じているのです。

無境界とは、**自分の自我状態の中に他者が入り込んでしまう状態**です。生まれたばかりの赤ん坊には〈自分〉と〈母親〉の間に境界線は存在しません。自分と母親は同じ存在であると感じています。赤ちゃんがお腹を空かせて泣けば、すぐさま母親がお乳やミルクを飲ませます。赤ちゃんが言葉を話すことができたらこう言うでしょう。「私がお腹をすかせると、私は口の中にミルクを満たす」。このように母親と赤ちゃんの間に境界線はなく、母親は赤ちゃんと同一な存在です。

しかしやがて、赤ちゃんに自我が発達してくると、〈母親〉と〈私〉は異なる人間であることを感じとるようになります。成長とは、このような無境界な自我が**〈他者〉と〈私〉を分離していくプロセス**ともいえるのです。

しかし、過保護な母親は、世話をするという方法で子どもを支配することがあります。愛情を武器に娘をコントロールしてしまうのです。「私がいないとあなたは何もできないのね」と言いながら、自立させないのです。

「私の日常感覚は、いつもこんなふうに相手（母親）が上から、後ろから、横からと防ぎようがないくらい自分の空間に侵入して来る感じなのです」と彼女は述べてくれました。この言葉から、彼女の愛情問題には「無境界」な相互依存関係を切り離すために「境界線」を引く必要があると思いました。無境界の関係は**「離れたい」けれど「離れられない」という状況**に陥ってしまいます。そこで互いの存在を独立させるために、二人の関係に線を引くように提案するのです。境界線を互いに引くことで**独立した人間としての体験が生まれる**からです。

提案3　境界線を引いてください

この時、伊集院さんは、「からだのいろんなところに圧迫感を感じるのです」と言ってなかなか境界線を引こうとしませんでした。「私は境界線を引けないタイプかも」と言います。彼女はその理由を「いろいろなところに母親の存在感（圧迫感）を感じるのです」と述べました。もし境界線を引いてしまうと「私の中に母親がいなくなるかもしれない」と感じているからです。

ここにも、否定したいけど否定したくないパターンが読み取れます。

そのような過程を踏みながら彼女は境界線を引きました。まず、自分の境界線を手で引きます。そして母親の境界線を引きます。

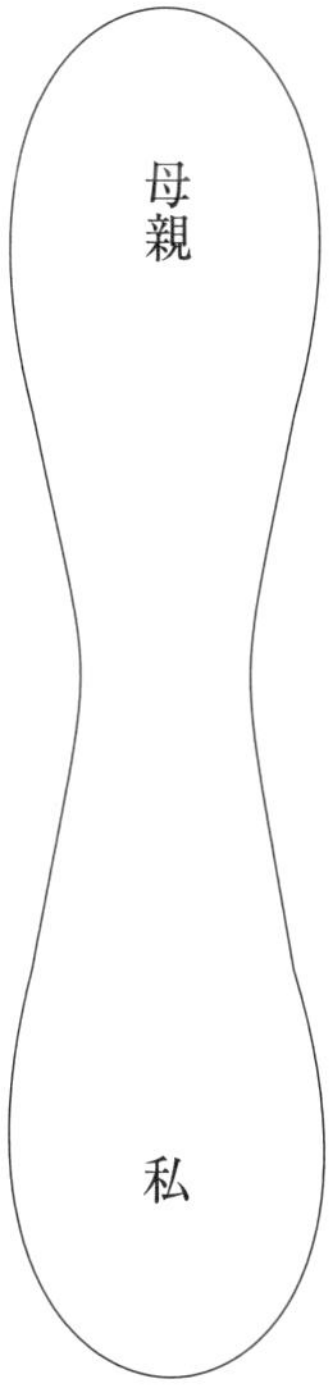

[無境界な関係]

[独立した関係]

境界線を引いてみると、意外に心が落ち着いたようです。そして母親が娘に小さいころから送りつづけたメッセージに気づいたようです。母親はいつも松江さんに「あなたは一人では存在できない」という呪文を送っていたのです。

よちよち歩きのころから「ほんとにあなたは私がいなければ何もできないのだから」と

言い続けてきたのです。そうしながら母親は大好きな娘の世話をし続けていたのです。彼女はいつしか母親の言葉の魔力に飲み込まれてしまいました。そして「私は一人では存在できない」ということを信じ込んでしまっていたのです。

それを解放するために境界線を引きました。私と母親が独立した人間であることを体感できたときに、彼女は初めて自分を拘束してきた言葉を思い出しました。

その後、彼女から手紙をもらいました。そこにはこう書かれていました。

私は自立しようとして看護師という仕事に進みました。そして看護師でも特殊性があった方が良いと思ってさらに専門性のある分野を選びました。それがかえって、一人で自立しにくい職種になってしまいました。

私は、このように、いつも自分の存在を否定するようなことをやるのです。自立しようと思って、自分一人で生きていくために、何をしたらよいのか一生懸命考えて、ある手段をドンと選ぶのですけれど、いつもそれが裏返しとなるのです。自立しにくい自分の状況を無意識に選んでいたのです。それが小さいころからの母親との関係であるとは思いもよりませんでしたが、何か子どものころから知っていたような気もするのです。

松江さんのワークの後に、感想をグループで話し合いました。そのとき一人の女性が「まるで自分のことを見ていたようです」と述べました。彼女は涙ながらに「自分の苦しみの源流が分かりました」と言いました。

母親は子どもを独立させないためにいろいろなことをしてしまいます。彼女の母親は「どうせ私は家族のみんなから嫌われているわ。あなたもそうでしょう?」と脅してきました。彼女は小学生のころから「もし私が自立したら母親はきっと孤独になってしまう」と思って生きてきました。そして結婚して家族から離れていくときに「私は一人になったわ」とぽつりと言いました。その言葉がいつも心の奥に焼きついていたのです。結婚して数年後に子どもができて幸せになればなるほど、彼女は自分を責める気持ちが湧いてきたのです。母親に対して「自分は冷たい人間ではないのか」「私だけ幸せでいいのかしら?」と自分を責めてきたのです。

それは無境界な状態を維持するための呪文だったのです。母親が望んでいる共依存の関係を続けるための呪文に縛り付けられていたことが分かったからです。

「どうせ私なんかショウガナイ人間だから死んだほうがいい」

これが、子どものころから母親が家族に言っていた呪文です。その言葉を聞いた彼女は、母親を助けたいと思ってきました。

子どもは「成長したい」と思う欲求と、「母親を見捨てるのではないか」という不安に悩まされてしまうのです。このような母子関係で育てられると、子どもは「自分が独立してはいけない」と今度は自分自身に呪文を唱えるようになってしまいます。あるいは母親を見捨ててはいけないと思い込んでしまうのです。たとえ、自分のしたい方向を発見したとしても、他者（母親）と自己の間に境界線を引くことができなくなってしまうのです。

母親と娘の関係、母親と息子の関係では、背後に無境界の問題があることがやはり多いと言えます。男性も同じです。ある男性は「自分がしばしば権力や力の強い者に侵入されてしまった感じがする」と感想を述べました。職場で上司から支配されているような感覚があると訴えます。まさに特定の関係にある他者から圧迫されているような感覚に襲われるのです。

7 イメージのワーク

✺ 症状との対話

イメージには、**人を癒す力**があります。そのことは古代から知られていて、呪文などにも使われています。さまざまな部族や宗教では、癒しのイメージが形になったものを神と呼び、敬います。現代社会にも会社のロゴマークや商品登録など、イメージで表したものがたくさんの人々をひきつけています。芸術はイメージの力を大切にします。芸術家は個人的に得たインスピレーションをイメージで表します。それらを現代アートと呼んでいます。心理学の分野でも**イメージは、その治癒力を認められています**。ユング心理学に限らず、イメージ療法という領域さえあるのです。

ここでは症状をとりあげてみましょう。ゲシュタルト療法では「症状と対話する」という表現をします。自分の症状を取り除きたい人や治したいと望んでいる人たちに「あなたの症状と対話してみましょうか」と勧めます。空の椅子か座布団に症状を置いて対話するエンプティチェア技法、症状に声を与えるアプローチ、症状の動作・しぐさにアプローチするなど、いろいろなことが可能です。ここではイメージを用いたアプローチをみていきます。

五十嵐芳子さんは「肩こりがある」と訴えました。そこで〈肩こり〉に意識を向けてもらいます。最初のステップはまず〈肩こり〉というイメージを作り出す準備をしてもらいます。

提案1　肩こり（症状）に意識を向けてください

私たちは〈肩こり〉というレッテルを自分に貼り付けます。そして「私は肩こりです」「私は肩が凝《こ》ってしょうがない」「私はいつも肩こりに悩まされている」と〈肩こり〉を悪者にして、自分にとって迷惑な存在として扱うようになります。

そのように扱う前に、〈肩こり〉というレッテルをはずす作業からセッションは始まります。〈肩こり〉を十分に《経験する》ことを勧めるのです。すると自分の中にあるのは〈肩こり〉ではなく、あなた固有の身体感覚であることに気づくようになります。

提案2　そこ（症状）はどんなイメージですか

あなたが《経験する》のは、あなた特有の身体感覚です。他の誰も経験していないことを《経験している》のです。その固有の経験を言語化することは難しいのですが、イメージで表現してもらうと分かりやすいのです。イメージは、**言葉以上の表現が可能になる**からです。心理学の世界では、イメージは身体の言語とも呼ばれています。イメージとは、あなたが言葉で表せない体験をしたときにそれを補うことができる非言語の身体メッセージなのです。

「私の肩の痛みのイメージは錐《きり》です」

五十嵐さんは肩に痛みがあります。まるで錐が射し込まれているような痛みだと表現しました。その錐のイメージをさらに意識してもらいます。そのために錐のイメージに色をつけてもらうことにしました。

提案3　どんな色ですか

錐の尖《とが》った先が赤くなっています。痛みというより傷ついている感覚があります。ここでイメージから生じた身体感覚が「痛み」から「傷つく」と変化してきたことに注目します。「痛み」という一般的な言葉よりも「傷つく」という言葉のほうが本人の固有の経験を表しているからです。

提案4　赤い（傷）色をしばらく感じていてください

イメージの色に変化が起こります。このように色のついたイメージをしばらく経験すると色が変化していきます。それはイメージの言葉でもあるのです。形が変化することもあります。形が変化して、違うイメージが現れることもあります。

しばらく五十嵐さんは、錐の尖端が射しこんで傷ついている赤い色のイメージを意識していました。

するとコマが現れました。「コマが回っている」と言いました。錐の尖端がキリキリ射し込んでいるイメージから「コマ」に変化したのです。

提案5　変化したイメージ（コマ）をしばらく意識していてください

変化した新しい「コマ」のイメージにしばらく注目してもらいます。新しいコマにはどんな意味があるのでしょうか。コマに変化したイメージは、どのようなことを表現しようとしているのでしょうか。

このように変化した「コマ」に注目していると、イメージが鮮明になってきます。その「コマ」のイメージが動いたり、色合いが変化したり、リズムを持つような場合もあります。どのような変化であろうとも、個人の特有な体験が起きてきているということです。

そのコマは「安定したコマではなく、不安定に回っている」とのことです。「倒れそうである」と教えてくれました。

提案6　コマの倒れそうな動き（不安定）をしてみてください

彼女が持っているイメージは「コマが回っている」、そして、「不安定」に回っているということです。今にも「倒れそう」なことです。そのコマになって「そのように動いてみる」ように勧めます。彼女は頭と肩を不安定に動かす動作を見せています。

彼女は「ふらつきそうで倒れないコマに」なります。肩が横に動くのが分かります。そして、頭部は肩と異なり回る動きをします。頭がくるくる回りますが「軸がある」といいながらゆっくりと動きます。

からだには肩の「横の動き」と頭部の「回る動き」をゆっくりと調和していくプロセスが起こりました。これが**からだの知恵**なのです。からだは内部の感覚を用いてバランスのとれた全体性（ゲシュタルト）を回復していきます。長い進化のプロセスで、ヒトに限らず動物はさまざまな神経組織を発達させ、**からだが「いま―ここ」の現時点で何をしたらベストなのかを自動的に調整するシステム**を獲得してきたのです。

提案7　コマの二つの動きを統合してみてください

彼女にはこのような提案は必要ありませんでした。しかしセッションでは、異なる動きや異なるリズムが生じた場合には、時たま提案します。

提案8　目を開けてください

五十嵐さんは、イメージを感じ始めると、自然と目を閉じていました。さて彼女が「目を開ける」と、不思議なものにでも出会ったかのように周囲を見回しながら自分の身体に意識を向けました。「肩の痛みがない」とつぶやきました。

「えっ……?」

「私は勘違いしてたのかしら。肩はさっき痛いと思っていたけど痛くないわ」

✳ 答えはからだが知っている

セッションではこのようなことがしばしば起こりますが、その理由は分析しません。なぜ肩の痛みがとれたのかを説明しても、その人に固有な出来事なのですから他の人が同じ経験をすることはできません。同じイメージを持つことはできないのです。しかし、いくつかのプロセスを理解することは可能です。

まず、私たちは症状を取り除こうとして、不要な存在として扱います。私を困らせる邪魔な奴で、迷惑な存在で、私自身のものではないという態度です。

次に、症状こそあなたであるという体験をしてもらいます。多くの人は症状を自分から切り離す対象としてのみ意識を向けます。時には薬を飲み、痛みなどの症状を感じさせないようにします。しかし、**症状はあなた自身なのです**。症状を十分に経験することは〈私〉を経験することです。このプロセスを体験してもらうことがセッションの目的になります。

さらに、**からだは答えを持っている**、ということです。からだが答えを探すプロセス、道具の一つがイメージです。私たちは話したいこと、伝えたいことを言葉という道具を用いて相手とコミュニケーションを取ります。からだは同時にイメージという道具を持っています。身体が感じたこと、表現したいことをイメージという方法で身体どうし、内部感覚の間でコミュニケーションをとり合うのです。

最後に、**症状はメッセージである**、ということです。誰からのメッセージでしょうか。もちろんあなた自身からのメッセージです。今のあなたの生き方のメッセージです。それをからだが感じとってイメージという方法であなたに伝えてくれるのです。

五十嵐さんは自分のメッセージを受け取ったのでしょうか。そのメッセージはどのようなものだったのでしょうか。二つの異なる動きは何を表現して伝えようとしていたのでしょうか。錐はどんなことのシンボルなのでしょうか。コマに言葉を与えるとしたらどんな言葉を伝えたのでしょうか。その**答えはからだが知っている**のです。

時には本人自身が思考レベルでは理解できなくても、からだが理解することができれば、症状は役割を終えて消えていくのです。

8

至高体験

スピリチュアルな体験は、時には、本人にそのような意識がなくても、自然なこととして起こることもあります。私はあまり「スピリチュアル」という言葉を使わないようにしています。ゲシュタルト療法では、**個人的な体験を定義づけたり、理論化することをしないからです。**

それは不思議な体験であったり、至高体験と呼ばれるものであるかもしれません。

それでよいのです。必要以上に意味づけをすることで、大切な体験が手の中から砂のようにこぼれ落ちてしまうこともありますし、社会や文化、宗教や科学などとして取り入れられた価値観へと変化させられてしまう恐れもあるからです。

❋ 蝶になる体験

天方みどりさんは幼いころに母を亡くしました。小学校の四年の時です。父親はすぐに再婚したので、彼女はとても悲しみました。優しい母親はがんで苦しみましたが、その母親が亡くなるとすぐに若い女性と結婚したのです。

そのことが許せなくて、彼女は高校を卒業すると秋田を離れて東京で仕事を探しました。四〇年前のことです。今はみどりさんの二人の子どもたちも大学を卒業して働いています。親としての義務を果たし、ほっとしたこの頃ですが、母親のことをよく思い出すようになりました。

父が亡くなる前に「蝶が庭に来る」と私に言いました。亡くなった母は蝶が好きだったのです。私は父の話を聞いて、内心それは母親だと確信していました。父親も私にそれを伝えたかったのかもしれません。しかし、父が母親に対してした行為を私は許せなかったのでその話を聞き流しました。

このセッションが始まると窓に風が吹きました。

窓から見える木々の葉が揺れています。「その影が怖いわ」とみどりさんはいいました。

「その影に注目していてください」と指示しました。すると、その影がみどりさんの背中にくっついたのです。不思議そうな顔をしています。「どんな感じですか」と聞いてみました。

「怖くないわ」

もしかしたら「羽」かもしれない、と言いました。グループも少しほっとしています。しばらくしてみどりさんは「ガラスの羽です」と教えてくれました。そのガラスの羽は左側だけの片羽です。しかも薄く割れてしまいそうな羽です。

「ガラスの羽です」
「透き通った羽です」

そのように言葉に表してみると、からだが突然小刻みに震えだしました。その震えに身を任せて縮こまったみどりさんは、さなぎのような格好になりました。立ち尽くしたままの姿勢ですが、身を折り曲げて震えています。目には涙がにじんできました。

「内側から右の羽が生えてきました」

彼女の中で何かが起きています。大きな変化です。数分の間、からだは小刻みに震えていました。長い沈黙の後に、彼女はガラスの羽が優しい蝶の羽になったことを教えてくれました。

蝶になった彼女はグループの一人ひとりに話しかけました。時には風に舞う蝶のようにひらひらと、時には花を求める蝶のように話しかけています。

セッションが終わると、彼女は私たちに何が起きたのかを伝えてくれました。

私は母がきっといつの日か蝶になって戻って来てくれると信じていました。無念の気持ちを私に伝えに来てくれると幼い小学校のころから待っていたのです。

今、窓の外からやってきた影は蝶でしたが、母親ではありませんでした。ガラスの羽を持った片羽の蝶だったのです。そして私のからだが小刻みに震えだしたときに、私はさなぎになりました。そして私の内側から羽が生えてきたのです。その時に気づいたのです。

「母はずっと私の内部にいたのです」

いつかきっと来てくれると待っていた母は、私の内にいてくれたのです。

蝶は彼女の成長のシンボルであると同時に、一人ひとりの心の成長の象徴でもあるのです。セッションの最後に不思議な体験が起こりました。グループの人たちも同じように、内なる魂を感じています。

心理学ではこのようなイメージやヴィジョン、身体感覚をさまざまな視点で説明しています。イメージ療法の視点からは、人の内部にある知恵の声「内的な助言者」とみることができます。スピリチュアルな立場の心理学であれば、スピリチュアルな「シンボル」と受け取るでしょう。アメリカインディアンであれば、自分を守ってくれる「守護霊」として、蝶の優雅な動き、風に乗るパワーを喜びます。

現代心理学の基礎を作り上げた一人であるマズロー（Abraham H. Maslow；1908–70）は、多くの人が経験するこのような不思議な体験を「**至高体験**」と名付けました。

彼は学生に、「今まで誰にも言わなかったけれども、このような体験がありますか」と聞きました。すると何人かの学生が手を挙げて自分の体験を話してくれました。次の授業が始まると、さらに多くの生徒が手を挙げて彼らの体験を話しはじめたのです。ある学生は小さい頃の経験を思い出し、ある学生はクラスで聞いたことから新たな体験をしました。マズローは、このような不思議な至高体験には二つの傾向があると指摘しました。

一つは宇宙的な神秘体験をするケースです。このような体験をした人は、宗教家や神秘家に多くいます。もう一つは社会構造や人間関係を理解するインスピレーションの体験です。このような人たちには、社会のリーダーや実業家になっている人が多いようです。

ゲシュタルト療法の目指すところは、神秘体験をすることではありません。自分の中にある**どのような感覚も受け入れられるようになること**です。自分の感じたことを信じて生きていくことを、人生にとり入れていくことなのです。

✺ 私の行き着く場所

私は西部劇の映画が好きでした。それは高校生のころからだった気がします。秋田の土崎という町に父親が転勤して三年間ほど日本海の海辺の町に住んだのです。テレビがやっと普及して各家庭に一台はあるようになった時代です。もちろんカラーテレビなどは存在しません。白黒の画面です。その白黒の世界はとても魅力的でした。

荒野からはいつも西部の男が馬にまたがりゴーストタウンにやって来るのです。その馬に乗ったカウボーイの背景には広々とした荒野があります。そして、その荒野が延々と続き地平線が見えていました。登場する男たちはいつも荒野の地平線を見つめています。私はただこの場面が好きだったのです。その荒野の広さと馬と黙々と進む西部劇の背景がとても見たかったのです。

ある日、私は男鹿《おが》半島に出かけました。小高い丘に立ち海を眺めていました。日本海の冬の海は、曇り空のどんよりとした日が続きます。春になるとやっと海は明るい色をとり戻し始めます。久しぶりに眺める水平線を見ているとグッと音がしました。グッ、グッと地球が回転する地軸の音がからだに響いたのです。「あぁ、地球は回っているのだ」と高校生の私は納得しました。

その体験を私は誰にも言いませんでした。友達にも話しませんでした。きっと心の奥でそのような体験を話しても無駄だろうと思っていたのかも知れません。それでも大人になった今でも、その音がからだの中で響く体験を忘れることはありませんでした。誰に話すこともなく一人で時々思い出していたのです。

ところが二〇〇八年の七月に屋久島を訪れた時のことです。海岸を歩いていると砂浜に動物の足跡が残っていました。それは海ガメの産卵のあとです。その浜辺は海ガメの産卵地だったのです。夜になって海ガメの産卵を見に地元のボランティアの人に連れて行ってもらいました。ボランティアの人たちは海ガメが産み落とした卵を採り出し、安全な場所に移すのだそうです。月明かりのある夜でした。その場所から一匹の赤ちゃんガメが海に向かってパタパタと砂浜を進んでいました。きっと遅刻した奴です。もう他の生まれたカメは見当たりません。遅刻した赤ちゃんガメが一生懸命に海岸に向かって砂をかいていました。

この幼い生まれたての海ガメは、太平洋に出て三〇年経ったら同じ海岸に戻ってくるのです。「同じ砂浜で自分が生まれた位置から五〇メートルと違わずに産卵場所に戻ってくるのです」と案内してくれた人が教えてくれました。遅刻したパタパタガメも海辺にたどり着くまでの数分の間に地球の地軸を感じ取り、カーナビのように地球の地図をからだのどこかに記憶させるのです。そして三〇年経って子孫を残す準備が整うと、それをからだが感じとります。かつての記憶にある位置を求めて、もう一度生まれた砂浜にたどり着くのです。もちろん海の中を泳いでいるわけですから屋久島が見えるわけではありません。しかしどんなに広い海の中にいたとしても地球の形が見えるのです。太平洋の片隅にある屋久島の位置を察して泳ぎ続けるのです。

私はやっと広い西部劇の荒野が好きだった意味が分かりました。若いとき、カリフォルニアに住みました。カリフォルニアではやはり広い風景を求めてドライブしたものです。それから日本に帰国し、四〇代の半ばでもう一度ニューメキシコ州のインディアンの聖地を訪れました。

その時に、ある荒野の光景に出会いました。私は一人で砂漠をドライブしていました。その小高い丘が地平線のかなたに見えた時のことです。私のからだに異変が起こりました。その風景にからだが震え出したのです。同時に涙が流れ出しました。

一人で車を運転しながら「そうなんだ」「そうなんだ」と言い続けていたのです。私はこの地に来るために広い荒野が好きになり、インディアンの姿が心に残っていたのです。そして丘のふもとに車をとめて歩き出しました。ある場所に吸い寄せられるように歩きました。そこで体験したのは、インディアンが信じている自分の守護霊との出会いでした。

ヒトには行き着く場所があります。

私が出会った守護霊は野生の動物です。彼は常に一匹で行動します。一匹で荒野を移動します。丘の上から地平線を眺めています。私は「彼」のように行動しようと試みました。群（集団）に属さないような行動をとりました。常に自然を感じとるように歩いたのです。

ヒトは動物です。長い進化の過程で、生きる方向を知る能力を獲得してきました。生きる意味を体験する時期が来たことをからだが教えてくれます。その内なる身体感覚に耳を傾けたときに、スピリチュアルな世界が広がるのです。

参考文献

第1部

百武正嗣『エンプティチェア・テクニック入門』（二〇〇四　川島書店）
チャールズV・W・ブルックス『センサリー・アウェアネス』（伊東博訳、一九八六　誠信書房）
マーティン・L・ロスマン『イメージの治癒力』（田中万里子・西澤哲訳、一九九一　日本教文社）
バーバラ&ウィリアム・コナブル『アレクサンダー・テクニークの学び方』（片桐ユズル・小山千栄訳、一九九七　誠信書房）
池見　陽『心のメッセージを聴く』（一九九五　講談社現代新書）
倉戸ヨシヤ編『現代のエスプリNo.375』（一九九八　至文堂）

第2部

F・S・パールズ『ゲシュタルト療法』（倉戸ヨシヤ監訳、一九九〇　ナカニシヤ出版）
ポーラ・バトム『LIVE NOW 今に生きる』（俵里英子監修　一九九二　チーム医療）

サージ・ジンジャー『ゲシュタルト・セラピーの手引き』（佐々木雄二監修、二〇〇七　創元社）
岡田法悦『実践・〝受容的な〟ゲシュタルト・セラピー』（二〇〇四　ナカニシヤ出版）
R・フレイジャー、J・ファディマン編著『自己成長の基礎知識1』（吉福伸逸監訳、一九八九　春秋社）
同　『自己成長の基礎知識2』（同、一九九一　春秋社）
同　『自己成長の基礎知識3』（同、一九八九　春秋社）
リッキー・リビングストン『聖なる愚か者』（吉福伸逸訳、一九八九　アニマ二〇〇一）
トニー・キー他『ゲシュタルト・セラピー』（岡野嘉宏訳、一九九二　社会産業教育研究所）
栗田勇『道元の読み方』（二〇〇一　祥伝社黄金文庫）
Perls, F. S. *Ego, hunger, and aggression* ; New York : Rondom House, 1947.
Perls, F. S.; Hefferline, R. F.; and Goodman, Paul. *Gestalt therapy* ; New York : Dell, 1951.
Perls, F. S. *Gestalt therapy verbatim.* Lafayette, Calif. The Real People Press, 1969.
Perls, F. S. *The Gestalt approach* ; *Eyewitness to therapy* ; Ben Lomond, Calif. Science and Behavior Book, New York : Bantam, 1976.

第3部

アーノルド&エイミー・ミンデル『うしろ向きに馬に乗る』（藤見幸雄・青木聡訳、一九九九　春秋社）
アレクサンダー・ローウェン『からだと性格』（村本詔司・国永史子訳、一九八八　創元社）

百武正嗣『ライオンのひなたぼっこ』（一九九六　ビーイングサポート・マナ　※セミナー参加者のみ販売）

あとがき

人の人生の記憶はどこにあるのでしょうか。

それは脳ではありません。あなたが子どものころ楽しかった場所を思い出してください。その時の風景は、からだにどんな影響を与えていますか。

私は小学生のころ、田んぼと草むらの中で友だちと遊びまわりました。その風景は今でも甦ってきます。ある日いつものように近くの池で口ぼそ（小魚）を捕まえていました。思わず身を乗り出した瞬間にザブンと池の中に落ちてしまいました。その時からだが沈んでいく感覚は不思議なものでした。「あぁ、からだが池の底に沈んでいく」と冷静に感じ取っていたのです。からだがゆっくりと回転して、今度は水面に向かって浮かび上がります。顔が出たときに恐怖が襲ってきました。同時に口の中に泥水が入り込んでくるときの感覚が甦ります。

記憶を甦らせるには、その時の状況でとった「身体の動き」と「感情」にふれる必要があります。それは記憶が「身体の動き」として残っているからです。このときに単に身体が動くだけでは記憶になりません。記憶するためには強いインパクトが必要です。つまり感動や喜び、恐怖や不安など「心が動く」ことが大切です。強い「感情の動き」と「身体の動き」が伴った体験をした時に人は記憶するのです。記憶は「身体の動き」と「感情の動き」として、セットになって刻印されます。

感情は英語で“emotion”と書きますが、e は冠詞で、motion が語源です。つまり感情は「身体の動き」という意味をもっているのです。古代の人は感情が湧き上がってくると「筋肉が動く」ことを知っていたのです。

神様はヒトが脳を発達させるために感情という贈りものをしてくれました。記憶するためには深い感動、喜び、恐怖、不安が必要なのです。予測はできないが深く意味ある体験を記憶にとどめさせるための、進化の最後のプロセスだったのです。そのような意味で、人の人生の記憶は筋肉にあります。それは、感情と結びついた筋肉の記憶なのです。

このような視点に立ったゲシュタルト療法の理論とアプローチを紹介したいと思い立ってから、数年の月日がかかりました。特にゲシュタルト療法は実践的な心理療法の立場を強調しているわけですから、「理論的なこと」を「実践的なアプローチ」として示す必要があります。そのためにやはり、時間と人生の経験を積み重ねることが必要だった気がします。

ゲシュタルト療法が広がりを見せたころのカリフォルニアはベトナム戦争の真っただ中にあり、反体制的な政治運動を「花と平和」という生活スタイルで実践していたヒッピーの中心地でもあったのです。強いアメリカが崩壊していく時代でもあり、社会の矛盾と個人の内面の葛藤が団子のように重なりあっていました。

心理学の世界も例外ではありませんでした。一九六〇年から一九七〇年代に生まれた新しい人間性心理学は、東洋の実践的な思想にも影響を受けながら、体験的セラピーなどを多く生み出しました。そのような時代背景とパールズの実存主義的な実践論は若者たちが求めていた新しい価値観に基づいた生き方と符合したのでしょう。やがてフリッツ・パールズはエサレンで若者たちの注目を集めます。

現在、ゲシュタルト療法は米国やフランス、ドイツ、オーストラリアなど世界的に広まっています。そこには二つの理由があるようです。一つは、ゲシュタルト療法に影響を受けた人たちがさまざまな名称を用いながら独自の新しいスタイルとして確立したことです。

最近はやりのＮＬＰ（神経言語プログラミング）は、三人の天才的なセラピスト（ゲシュタルト療法のフリッツ・パールズ、家族療法のバージニア・サティア、医療催眠のミルトン・エリクソン）の臨床場面を徹底的に分析した結果、その技法をまとめたものです。プロセス指向心理学のアーノルド・ミンデルは、ゲシュタルト療法のワークとトランスパーソナル心理学を統合させ、ユング派の新しい時代を築きあげました。

フォーカシングのユージン・ジェンドリンは「静かなゲシュタルト」と呼ばれる、新しい感覚をカウンセリングの世界に取り入れました。交流分析は「脚本の書き換え」をＴＡゲシュタルトという方法で行います。またバイオエナジェティクスの創始者アレクサンダー・ローエンや、再決断療法の創設者であるグールディングはゲシュタルト療法のワークを直接にパールズから受けています。

認知行動療法は日本でも活用されていますが、欧米では気持ちや感情に注目した学派の認知行動療法が多いようです。それはゲシュタルト療法が普及していることが関係しているように思われます。最近、世界で注目を集めている家族コンステレーションは、バート・ヘリンガー氏が家族療法とゲシュタルト療法を統合したものです。

アート・セラピーやダンス・セラピー、芸術療法、コラージュなどで自己の内面を表現する方法は、もちろんゲシュタルト療法を応用したものです。このようにゲシュタルト療法は、現代の心理療法、セラピーと呼ばれているものの源流となって広まっています。

二つ目はゲシュタルト療法を学ぶ教育制度、システムが海外では整いつつあることです。二年に一回開催されるゲシュタルト療法の国際会議が二〇〇八年にマンチェスターで開催され、世界から二五〇人が集まりました。同年、やはりオーストラリアとニュージーランドのゲシュタルト療法学会がゴールド・コーストの近くで開催され、一五〇人ほど参加しました。

また、日本を訪れたフランスのサージ・ジンジャー氏は国際ゲシュタルト療法訓練機関の代表ですが、フランスの国がゲシュタルト療法を認めて支援しているとのことでした。各国で共通しているのは、ゲシュタルト療法が大学の単位や施設間の単位として共有されるシステムが出来上がっていることです。

このような世界の流れに追いつくためには、日本でもゲシュタルト療法におけるアカデミックな学会を立ち上げ、実践的な教育者であるファシリテーターの育成が求められます。

私は、これらの組織を作るためにAnsel Woldt Ed.D, Gordon Wheeler Ph.D, Morgan Goodlander MAの三人に学会の設立に顧問として協力してもらいました。お蔭様で今年（二〇一五年）は日本ゲシュタルト療法学会（JAGT：Japanese association of Gestalt therapy）の五周年記念大会を開催することが出来ました。会員も五〇〇人と増えました。

最後に、この本を書くにあたって全文を読んで助言をしてくれた渋谷栄之助氏に感謝します。また企画提案から編集まで関わってくれた春秋社編集部の棟高光生氏なくしてこの本は生まれなかったでしょう。深くお礼の気持ちと感謝を表したい。

そして、今までワークショップに参加してくれた鹿児島、福岡、福山、大阪、名古屋、東京、長野、新潟の仲間にこの本を送ります。彼らと出会えたことがゲシュタルト療法を学ぶもっとも大きな糧になったことを心から感謝します。

二〇〇九年　六月一七日

百武正嗣

著者紹介

百武正嗣（ももたけ・まさつぐ）

1945年、新潟生まれ。中央大学理工学部卒。1979年、カリフォルニア州立大学大学院心理学科卒。現在、NPO法人ゲシュタルトネットワークジャパン（GNJ）理事長。日本フェルデンクライス協会理事。東京理科大学非常勤講師。帰国後、（財）神奈川県予防医学協会で健康教育にヨーガ、心理学を取り入れる。ゲシュタルト療法を広めるために全国で「気づきのセミナー」を開催し、ゲシュタルト療法にフェルデンクライス・メソッドを取り入れたリラクゼーションを指導している。

著書に「家族連鎖のセラピー」(春秋社)、「ライオンのひなたぼっこ」(ビーイングサポート・マナ)、「エンプティチェア・テクニック入門」(川島書店)。

◇ゲシュタルトを学ぶ人のために
NPO法人GNJ事務局　http://www.gestaltnet.jp　連絡先 03-5724-4406
メールアドレス：momotake@qa3.so-net.ne.jp

気づきのセラピー　――はじめてのゲシュタルト療法

2009年7月15日　第1刷発行
2025年3月15日　第11刷発行

著者Ⓒ＝百武正嗣
発行者＝小林公二
発行所＝株式会社　春秋社
〒101-0021　東京都千代田区外神田2-18-6
電話　(03)3255-9611（営業）(03)3255-9614（編集）
振替　00180-6-24861
https://www.shunjusha.co.jp/
印　刷＝株式会社シナノ
製　本＝ナショナル製本協同組合
装　幀＝美柑和俊

ISBN 978-4-393-36052-1　C0011　Printed in Japan
定価はカバーに表示してあります

百武正嗣
家族連鎖のセラピー
ゲシュタルト療法の視点から

悩みの根源は、家族の間に代々受け継がれてきた〈愛情のもつれ〉によるものだった！ 世代間連鎖のしくみとその解決法を具体例を交えながら解説し、真の家族愛を取り戻す。

1870円

室城隆之
「生きづらさ」を手放す
自分らしさを取り戻す再決断療法

今の自分にふさわしい「再決断」をし、苦しみや生きづらさの元である「脚本」から自由になる道を探る。交流分析とゲシュタルト療法を融合した再決断療法、初めての入門書。

1980円

ジョン・リアリー＝ジョイス／陣内裕輔訳
ゲシュタルトコーチング
豊かな虚空

ゲシュタルト療法をコーチングに応用。パフォーマンスやウェルビーイングを高め、可能性を開く実践書。あらゆる瞬間、経験、関係性において自分らしく在ることの意味とは。

3960円

小田博志
改訂版 エスノグラフィー入門
〈現場〉を質的研究する

介護・福祉・教育等ヒューマンサービスの現場のみならず、マーケティング分野でも必須の調査手法をきめ細かく紹介。学生の基本図書。

3520円

ピーター・A・ラヴィーン他／花丘ちぐさ訳
ソマティック・エクスペリエンシング入門
トラウマを癒す内なる力を呼び覚ます

身体に閉じ込められた過去＝トラウマのエネルギーを解放する革新的トラウマ療法。サヴァイヴァー、トラウマケアに関わる人に贈る希望のビジョン。世界一〇〇万部ベストセラー。

2970円

価格は税込（10％）